法国哲学研究丛书

学术译丛

Foucault

Gilles
Deleuze

修订译本

福柯

[法] 吉尔·德勒兹————著　于奇智————译

上海人民出版社

献给达尼埃尔·德福尔 [1]

总序
哲学经典翻译是一项艰巨的学术事业

  法国哲学是世界文化遗产的重要组成部分，法国哲学经典是令人叹为观止的思想宝藏，法国哲学家是一座座高高耸立的思想丰碑。笛卡尔的我思哲学、卢梭的社会契约论、孟德斯鸠的三权分立学说、托克维尔的民主学说、孔德的实证主义、柏格森的生命哲学、巴什拉的科学认识论、萨特的存在主义、梅洛-庞蒂的知觉现象学、列维-斯特劳斯的结构主义、拉康的精神分析、阿尔都塞的马克思主义、福柯的知识—权力分析、德里达的解构主义、德勒兹的欲望机器理论、利奥塔的后现代主义、鲍德里亚的符号政治经济学、利科的自身解释学、亨利的生命现象学、马里翁的给予现象学、巴迪欧的事件存在论……充满变革创新和勃勃生机的法国哲学影响了一代又一代人，为人类贡献了丰富多彩、灵动雅致的精神食粮，以其思想影响的广泛和深远而成为世界哲学文化的重要组成部分。

西方哲学经典，对哲学家而言，是要加以批判超越的对象；对哲学工作者而言，是要像信徒捧读《圣经》那样加以信奉的宝典；对普通读者来说，则多少是难解之谜。而如果没有了翻译转换，那所有这一切就无从谈起。

自从明朝末年至今，西方思想在中国的传播已走过了大约四个世纪的历程，中西思想文化的交融渗透推动一个多元、开放和进取的精神世界不断向前发展。显而易见，传播者无论是外国传教士还是国人知识分子，都不同程度地遇到了不同语言文化思想如何转换的棘手难题。要在有着不同概念系统和概念化路径的两种哲学语言之间进行翻译转换并非易事。法国哲学经典的汉语翻译和传播当然也不例外。太多的实例已充分证明了这一点。

绝大多数哲学文本的重要概念和术语的含义往往并不单一、并不一目了然。西文概念往往是一词多义（多种含义兼而有之），而任何翻译转换（尤其是中文翻译）往往都只能表达出其中一义，而隐去甚至丢失了其他含义，我们所能做的就是尽可能选取一种较为接近原意、最能表达原意的译法。

如果学界现在还一味热衷于纠缠某个西文语词该翻译成何词而争论不休，则只会导致人们各执一端，只见树木不见森林，浪费各种资源（版面、时间、精力、口舌、笔墨）。多年前，哲学界关于"to be"究竟该翻译成"存在"还是"是"、"Dasein"究竟应该翻译成"亲在"还是"定在"甚或"此在"而众说纷纭，着实热闹过一阵子，至今也无定论。我想只要是圈内专业人士，当看到古希腊哲学的"to be"、康德的"diskursiv"、海德格尔的"Dasein"、萨特的"facticité"、福柯的"discipline"、德里达的"supplément"、利科的"soi-même"等西文语词时，无论谁选择了哪种译法，都不难想到这个语词的完整意义，都不难心领神会地理解该词的"多义性"。若圈内人士都有此境界，则纠结于某个西文语词究竟该怎样翻译，也就没有多大必要了。当然，由于译者的学术素养、学术态度而导致的望文生义、断章取义、天马行空般的译法肯定是不可取的。

哲学经典的翻译不仅需要娴熟的外语翻译技能和高超的语言表达能力，还必须具备扎实的专业知识、宽广的知识视野和深厚的文化底蕴。翻译的重要前提之一，就是译者对文本的理解，这种理解不仅涉及语句的字面意义，还关系到上下文的语境，更是离不开哲学史和相关政治经济社会和宗教文化等的知识和实践。译者对文本的理解其实包含一个诠释过程。诠释不足和诠释过度都是翻译的大忌。可是，翻译转换过程中却又难以避免信息的丢失和信息的添加。值得提醒的是：可读性并不等于准确性。哲学经典翻译应追求"信、达、雅"的境界，但这应该只是一个遥远的梦想。我们完全可以说哲学经典翻译是一项艰苦的学术活动。

不过，从译者个体来讲，总会存在程度不一的学识盲点、语言瓶颈、理解不准，因而难免在翻译转换时会词不达意甚至事与愿违，会出错，会有纰漏。虽说错误难免，但负责任的译者应该尽量做到少出错、不出大错。而从读者个体来讲，在保有批判态度的同时，最好也能有一个宽容的态度，不仅是对译者，也是对自己。因为难以理解的句子和文本，有可能是原作者的本意（难解），有可能是译者的错意（误解），有可能是读者的无意（不解）。第一种情况暗藏原作者的幽幽深意，第二种情况体现出译者的怅然无奈，第三种情况见证了读者的有限功底。学术经典传承应该是学术共同体的集体事业：写、译、读这三者构成了此项事业成败的三个关键环节。

"差异""生成""创新""活力"和"灵动"铸就了几个世纪法国哲学的辉煌！我们欣慰地看到愈来愈多的青年才俊壮大了我国法国哲学研究和翻译的学术队伍。他们正用经典吹响思想的号角，热烈追求自己的学术梦想。我们有理由确信我国的法国哲学和西方哲学研究会更上一层楼。

拥抱经典！我们希望本译丛能为法国哲学文化的传承和研究尽到绵薄之力。

莫伟民

2018 年 5 月 29 日写于光华楼

目录

译序
并非传记：德勒兹的"福柯"

  德勒兹的《福柯》并非通常意义上的"传记"，它于1986年出版，于2004年再版，脱胎于德勒兹在巴黎第八大学哲学系的讲义。我于1988年秋在艾克斯—马赛大学哲学系开始研习福柯哲学，还记得当年在城里书店购买这本书的情景。虽然书名是"福柯"，但不是一部传记，而是一个德勒兹式的福柯哲学导言，也是一部福柯研究领域的经典。1998年夏天，我在法国社会科学高等研究院访学时住在巴黎国际大学城摩纳哥之家（Maison de Monaco），白天拜见巴黎哲学家，随后与他们一起去大学课堂听他们的课、讲座或参加研讨班，晚上"回家"端坐书桌旁翻译这本书，白日出门后总觉得好像家里有人在等我一样。译稿完成之后，2001年由湖南文艺出版社出版，入"午夜文丛"（陈侗鲁毅工作室策划）。虽然译作出版，但未能让我感到满意，真有"悔其少作"之感，一直希望有修订甚至重译的时机。几近 5 年之后，幸有江苏教育出版社出版了杨凯麟译本《德勒兹论福柯》，读者也许对照着阅读过，应该说，这个译本今天还很值得一读。当然，无论如何，任何译本都绝对无法代替精深考究的法文原作，原作者与译者也无力代替读者阅读和思考。

今受上海人民出版社责任编辑于力平先生之邀，对该书进行修订，但愿比原译本更好。或许，这就是一条思想之路，犹如手持一张往返票［un aller（et）retour］踏上旅途，也正如海德格尔言："思想中持存者乃是道路。而且思想之路本身隐含神秘莫测的东西，那就是：我们能够向前和向后踏上思想之路，甚至，返回的道路才引我们向前。"[1]

如果我们试图认真阅读一本书，就用心去翻译它或解读它。修订工作完成之后，无论是"译序"还是"译记"，我本不打算再说些什么，但又总觉得应该说几句。所说会将我们引向何处？所说总在途中，我们时时处处都在说话。"我们在何处找到这样一种说话？当然，最有可能是在所说之话中。因为在所说之话中，说话已经达乎完成了。在所说之话中，说话并没有终止。在所说之话中，说话总是蔽而不显。在所说之话中，说话聚集着它的持存方式和由之而持存的东西，即它的持存，它的本质。"[2] 这是关键。

某一天，在路上遇见一位久违的朋友，他与我交谈，问我：

---

[1] 海德格尔：《从一次关于语言的对话而来——在一位日本人与一位探问者之间》，载《在通向语言的途中》，孙周兴译，商务印书馆 2020 年版，第 97 页。

[2] 海德格尔：《语言》，载《在通向语言的途中》，孙周兴译，第 6 页。

"你最近在做什么呢？还'在做福柯'吗？"（提问是让问—答当事人进入对话状态的开始。）

我答道："乏善可陈。"这是面子上的回答，里子方面的确是"在做福柯"。君不见成果出，无可奈何，久久被福柯困住，早就想"走出福柯"。不过，只要持之以恒，译作或著作便会接"二"连"三"地从侧面问世。虽然我一直有修订的打算，但我总以为与这部早年译作《福柯》彻底告别，不会再去碰它了，真的未曾想到，现在不仅碰它，而且对它进行了大幅度修订，不少内容几近重译。

翻译一部著作，就是向作者及其思想问候、道别与致敬，也是向作者所谈人物及其思想问候、道别与致敬。翻译德勒兹的《福柯》就是向德勒兹和福柯问候、道别与致敬。对德勒兹来说，他讲"福柯"，写《福柯》，意味着向福柯说"Salut"（你好！再见！致敬！）"Salut（à）Foucault！"（福柯，你好！福柯，再见！向福柯致敬！）

德勒兹向福柯致敬，我们向德勒兹与福柯致敬，一种致敬的致敬。他们有过去，也有现在，于是，我们会问：作为过世已久的哲学家，德勒兹有未来吗？福柯有未来吗？什么是未来？我们认为，凡大师皆有未来，因为他们是一盏盏明灯，照亮人类前行与精神创化之路，并且我们需要真正的大师。法国著名语言学家海然热（Claude Hagère）在其《反对单一语言·前言》[1]中指出："仅就思想领域的制高点而论，法国曾经涌现出一大批知识分子：从克洛德·列维-斯特劳斯（C. Lévi-Strauss）到罗兰·巴

---

[1]　海然热：《反对单一语言》，陈杰译，商务印书馆2020年版，第3页。

特（R. Barthes），中间又经过米歇尔·福柯（M. Foucault）、德里达（J. Derrida），以及其他人［我们认为，当然包括德勒兹（G. Deleuze）——引者注］。如果将人的无知和不确定感比作黑夜，这些大师的出现就像是一盏盏明灯，照亮了接受他们精神滋养的整整一代人的前行之路。今天再也看不到类似的景象了。"福柯与他同时代其他法国知识分子一道携带各自的著作进入历史，直面现在，走向未来。历史、现在与未来互相呼唤。

福柯、德里达、德勒兹作为美国学者所谓"法国理论"的"三驾马车"，与其他同时代的法国理论家一道无疑改变了美国精神生活面貌，像英雄人物或网红明星那样在美国赢得光环无数，当然也经历了数度狂风暴雨式的洗礼。

我们在这里要谈的福柯是谁？福柯是德勒兹的好友，他们之间的友谊十分真挚可贵。在其退休前一年，德勒兹作为哲学家福柯之友，在其课堂讲福柯的"故事"，述福柯的"哲学"，后辑录成册，遂有《福柯》出。作为哲学家（智慧之友或智慧恋人），德勒兹讲述福柯，讲着讲着便把他讲成了自己的"福柯"。于是，福柯及其哲学来到了德勒兹哲学之中而成为其谈论与研究的对象，福柯成了德勒兹的"福柯"，一位"概念人物"。在一定意义上，他成就了德勒兹，况且，德勒兹的教职生涯更是离不开福柯的有力支持和帮助。可见，他在德勒兹心中的形象伟大而重要。

进而言之，"福柯形象"在其所有著述（包括被法国国家图书馆重金购买收藏且视为国宝的那 37000 页手稿，以及不计其数的演讲音像资料）中得到塑造与显现。福柯生前所出论著就足以使其不朽，在他逝世十年后四卷本文选《言与文》（2001 年重新编成两卷）问世，十三卷"法兰西学院课程系列"（汉译本目前也差不多出齐）陆续出版，《福柯集》（两卷注释本）于 2015 年入选声望极高的伽利玛出版社"七星丛书"（这标志着福柯作品荣登法国出版界最高殿堂），其进入法兰西学院之前的课程系列，亦在整理编辑之中，将陆续问世，估计数量质量将不亚于"法兰西学院课程系列"。福柯似乎还活着，还在一本接一本地出版自己的著作，其思想、概念、问题、方法等深刻地影响着当今人文社会科学（诸如哲学、文学、史学、艺术学、法学、政治学、社会学、行政学、教育学、科学史等），以及综合性交叉学科"管理学"的众多领域，出现于各种语言文字中的译本和相关研究文献实在难以计数。在中国学界，从 20 世纪 80 年代以来，福柯已赫赫有名，福柯哲学已成显学并为当代中国学术体系的建构提供了有益的"外来语"和丰富的"思想库"。这很难用肤浅的"从众心理"来解释。总之，福柯及其研究者们不断刷新人们对他的认知，一定有其未来与命运。

至此，使我们自然想到福柯在评论《差异与重复》《意义逻辑》时赠给德勒兹的那句名言："有朝一日，也许将是德勒兹时代（Un jour, peut-être, le siècle sera deleuzien）。"[1] 也许福柯认为德勒兹在最纯粹意义上表达了"差异哲学"，开创了差异概念的世纪。

今天，我们完全可以将这句话也赠给福柯："有朝一日，也许将是福柯时代。"在一定层面，我们可以说，福柯开创了一个思想时代，或许我们正处于"福柯时代"。福柯哲学对于我们理

---

[1] 福柯：《哲学剧场》，载《言与文》法文版第 1 卷，第 944 页。

解法国当代哲学具有非常重要的意义。杨大春教授在其《行为的结构》（梅洛-庞蒂著）译后记里指出："梅洛-庞蒂与福柯是理解整个当代法国哲学精神的两座非常近便的桥梁。"

福柯对其哲学所属领域的认识是相当自觉而清晰的。在《生命：经验与科学》一文中，福柯认为，当代法国哲学存在着两大哲学领域：一、关于经验、感觉与主体的哲学领域；二、关于知识、合理性与概念的哲学领域。前者以萨特、梅洛-庞蒂等为代表，是德国现象学的发展演变，后者以巴什拉、康吉莱姆等为代表，是法国科学史与科学哲学传统开出的历史认识论之花。福柯哲学的早期属于前者，其后期实际上是法国历史认识论的发扬光大。由此可知，福柯兼具这两者的特色，但就其整个一生来说，他所具有的后者特色重要得多。

然而，对于福柯，学界的误解由来已久，误解总是存在的，今天仍然不容乐观，并且很深、很武断，其哲学工作甚至被污名化为"江湖骗术"。不管怎样，我们都必须认真对待福柯与他那宏富且极具原创性的著述。仅就我们的阅读任务来说，就异常艰巨。什么是哲学？什么是福柯哲学？什么是德勒兹的"福柯哲学"？德勒兹如何对待福柯及其哲学？在本书中究竟做了哪些工作？他做了什么重构和新释？他又是如何完成的？我们最好带着这些问题边读边思，在此不必赘述。综观全书，我们发现，德勒兹以自己的方式重构、新释了福柯哲学，并且赋予其新意义和新价值。针对同时代评论界的极深误解与恶意攻击，德勒兹在《福柯》一下笔便进行回击与澄清，他这样写道：

"一位新的档案保管员在这座城市被任命。但严格地讲，他是否真的被任命了呢？难道凭他本人的学识表现不出来吗？某些心怀恶意的人把他视为工艺学和结构技术统治的新型代表人物。另一些人则因精神这一字眼大冒傻气，把他贬斥为希特勒的帮凶；或者指责他起码损害了人权（他们不会原谅他宣告了"人之死"）。有些人认为他是装疯卖傻的家伙，未能以任何经典著作为立论依据，也很少援引著名哲学家的言论。相反，还有一些人悟出某种新而又新的事物已在哲学领域诞生。"

由此可见，德勒兹极其厌恶那些对福柯及其哲学所做的形形色色不怀好意、不负责任的评论或独断言论。

在德勒兹《福柯》一书中存在一个"尼采问题"："谁说话？"写福柯就是让福柯说话，写谁（何物）就是让谁（何物）说话，与此同时，作者往往借题发挥以恰到好处地表达己见，进而生成"对话—间距模式"（mode de dialogue-distance）。这是德勒兹写作这本书的基本策略。

1993 年春，德勒兹在读了我博士论文《福柯知识图式或人之死》后给我的信中提及，《知识考古学》中的"陈述"（énoncé）概念也有助于理解《词与物》的话语身份或核心词"知识图式"（épistémè，一译认识型或知识型），"一个至今尚未成为任何书本之对象的对象"[1]。这表明"陈述"概念十分重要。这在其《福柯》一书中得到证实。他把"陈述"视为理解福柯哲学的一把钥匙。

什么是福柯所谓的陈述呢？简而言之，陈述就是在档案中长年沉睡、封存隐匿、无人问津、未曾阅读的"那些东西"：尘

---

[1] 乔治·康吉莱姆：《人之死，抑或我思之耗竭？》，载盖伊·古廷编：《剑桥福柯研究指南》（第二版），辛智慧、林建武译，北京师范大学出版社 2020 年版，第 85 页。

埃、原始文献、笔记、日记、书信等档案或原料，有待知识加工。陈述有别于所有老一代档案保管员所关注的词语、语句与命题，而福柯作为一位新的档案保管员，毫不顾及老一代档案保管员所关注的东西。灰尘—原始文献—笔记—日记—书信等档案实际上就是"沉睡的陈述"，它们的共同特征就是自我书写、自我关注、自我塑造等。福柯敢于起早贪黑地阅读布满灰尘无人识的档案，惊动粗心草率的老一代档案保管人，致力于将原来无法理解辨认的陈述变成可读性材料。这无疑是知识解读史与生产史上的大事件，因为这会增加一种解读方式或理论模式。"考古学家（即福柯——引者注）必须阅读过大量其他人未曾读过的东西，这就是福柯的文本在许多苛刻的批评者那里，引起那么大震动的原因之一。福柯没有援引任何既有学科中的历史学家，他只参考那些静静地躺在图书馆里的原始文献，就是人们常说的'灰尘'。这很有道理。但如同家具上的灰尘是管家是否粗心大意的一个体现一样，书本上的灰尘也是它们的保管人是否草率的体现。"[1]

我为《福柯》2001年版"译后记"写的一段话，今日觉得还有益，遂录于下：

"看"和"说"这两个概念是福柯理解人类知识和统治权力的新手段。德勒兹认为，在福柯的新理解中，"陈述分析"（énoncé-analyse）、"考古学"（archéologie）与"系谱学"（généalogie）概念又是理解福柯知识论、权力观、自我观的

---

[1] 乔治·康吉莱姆：《人之死，抑或我思之耗竭?》，辛智慧、林建武译，第85页。

关键，犹如三个稳固的圆拱，把看（或所见之物）和说（或所说之物）连通。陈述不同于词语、语句和命题，不再是说者任意使用的表达形式，而完全成了一种社会行为。德勒兹在他自己的哲学研究中也十分强调陈述的社会作用。考古学和系谱学是福柯确立起来的方法论信念。陈述分析表明我们应当如何写作，考古学和系谱学展现我们应当怎样思索。德勒兹还阐述了福柯的权力、权力关系、权力外部轮廓等思想：福柯所揭示的权力是一种政治策略，权力关系和权力外部轮廓不仅是政治的，而且是文学的和哲学的，因此，这种权力观念是全新而独到的。福柯提出的"人之死"不是一件悲观性、灾难性事件，而是处于物与思当中的突变现象。福柯以全新的写作观念和思想策略构造了 20 世纪最重要的哲学体系，营建了西方 20 世纪的文化景观，开启了语言和生命的未来之门。福柯被德勒兹称为"一位新的档案保管员"和"一位新的地图绘制者"。《福柯》一书是福柯哲学研究领域的一部上乘之作。德勒兹是福柯哲学体系的忠实拥护者和高明解释者。

德勒兹究竟如何从陈述出发讨论福柯哲学呢？请读者朋友带着这个问题去阅读他的《福柯》吧。况且，近年来，关于德勒兹与福柯的专著、译著、论文已经构成十分丰厚的学术资源，都是非常重要的参考文献。

德勒兹的《福柯》旨在"疏通"或"解释"福柯哲学，当然是以他自己的理解方式进行这一疏通或解释工作。如果他因与瓜塔里多次合作著书而生成了"德勒兹—瓜塔里哲学"，那么，他又因与福柯深入对话而别样地生成了"德勒兹—福柯哲学"。这是需要读者细心体会的。

我们也应该认识到，为了使"哲学作为创造概念"成为严密的事情，德勒兹坚持将科学术语引入哲学而使之既参与哲学的活动又化作哲学的要素，有时悄悄进行，有时明目张胆，有时正大光明。在此，我们以"奇点""同构"与"同位"三个科学术语或非哲学术语引入为例加以简要说明。

我在本书的几处译注中明确指出，在德勒兹谈到陈述时，singularités 与 points singuliers 具有一致性或同一性，而 singularités 本身也有"奇点"的意思，因此，在我们的翻译中，有时觉得读作"奇异性"（甚至特殊性或独特性）更好，有时觉得读作"奇点"更好，于是，我们看到其数学意义与非数学意义之间的一致性、沟通性或过渡性，也就是说，数学与非数学（如哲学）之间交叉、互释与疏通。这意味着学科之间或思想之间的一致性、沟通性或过渡性。因为它们在福柯—德勒兹语境中具有如此密切的关系，所以，我们可以把它们视为近义词，从而不加区别地翻译、理解或使用。

就"同构"（isomorphisme，由 iso/同与 morphisme/同态构成）而言，在数学上指一个保持结构的双射，能揭示出对象的属性或操作之间的关系。仅从结构上看，同构对象完全等价。一般地讲，同构是指一个态射（morphisme），并存在另一个态射，使二者的复合成为一个恒等态射。所谓态射，在集合论中，就是函数；在群论中，就是群同态；在拓扑学中，就是连续函数；在泛代数中，就是同态。态射的类型有同构（isomorphisme）、满同态（épimorphisme）、单同态（monomorphisme）、双同态（bimorphisme）、自同态（endomorphisme）、自同构（automorphisme）等，其中的"同构"为最要。在《福柯》这部著作中主要指陈述之间的同构关系。至于"同位"（isotopie，由 iso/ 同与 topos/ 位构成），在数学上，即是合痕，为代数学的基本概念。所谓合痕（isotopie）就是指两个非结合代数之间的三个可逆线性变换满足的一种特殊的保乘关系。在物理学、化学上，指同位素（isotope），在语言上，是共同义素的集合。与 utopie（乌托邦）和 hétérotopie（异托邦）相对应，我们亦可将 isotopie 译为同托邦。

德勒兹在哲学研究中非常重视发现与利用学科间的一致性、沟通性或过渡性，从而实现"科学术语"在哲学领域的借用、渗透与融合，再度激活哲学并为哲学注入"新材料""新因素""新观点"。可以说，这是哲学与非哲学之间的对话、互鉴与共生，也是德勒兹哲学探究的一大特色。

此时，我想说，翻译真难，困难的翻译犹如困难的自由，不管怎样努力，译文都难担原著之任。然而，翻译不仅仅是一项伟大事业，而且是一种重要修行，同时也造成另一种"外语"，设置了语言障碍，让人感到更加陌生，甚至摸不着头脑。对于福柯，对于德勒兹所论的福柯，对于我作为德勒兹《福柯》译者，我想到三意：福柯的本意、德勒兹的解意与我的译意。当我收到校样时发现莫伟民教授在"法国哲学研究丛书·学术译丛"总序里也写道："难以理解的句子和文本，有可能是原作者的本意（难解），有可能是译者的错意（误解），有可能是读者的无意（不解）。"对此三意，我深有体会，也完全赞同。

德勒兹的《福柯》汉译本，2001 年与其另一部有趣、博大、精深的《褶子》（杨洁译）合版（《福柯　褶子》）问世。今逢再版机会，独立成书，是为《福柯》。

此次对这部早年试译作品的修订，译者已尽全力，但仍会有不少盲点或错漏，译句的推敲拿捏还有提升空间。唉，一切尽在言思言在的迷途之中，实无可奈何，唯等读者赐教。

于奇智

2021 年 1 月 29 日

江声林影馆

上 篇
从档案到图表

一位新的档案保管员
(《知识考古学》)

一位新的档案保管员在这座城市被任命。但严格地讲，他是否真的被任命了呢？难道凭他本人的学识表现不出来吗？某些心怀恶意的人把他视为工艺学和结构技术统治的新型代表人物。另一些人则因精神这一字眼大冒傻气，把他贬斥为希特勒[1]的帮凶；或者指责他起码损害了人权（他们不会原谅他宣告了"人之死"）。[2]有些人认为他是装疯卖傻的家伙，未能以任何经典著作为立论依据，也很少援引著名哲学家的言论。相反，还有一些人悟出某种新而又新的事物已在哲学领域诞生，并且，这部著作[3]

---

[1] 希特勒（Adolf Hitler, 1889—1945）：德国纳粹党领袖。——译注

[2]《词与物》问世后，一位精神分析学家作了长篇分析，把它与《我的奋斗》进行对照。最近，又有人利用人权反对福柯……

[3] 这里指《词与物》。——译注

与其反对之物媲美：节庆渐露端倪。

　　不管怎样，犹如在果戈理[1]的故事（而非卡夫卡[2]的故事）中那样，一切都开始了。这位新档案保管员宣布他将只看重那些陈述。在任何情况下，他都不会顾及所有老一代档案保管员所关注的命题和语句。他将忽略层层叠积的命题的纵向等级（hiérarchie verticale），也放弃好像相互对应的语句的水平关系。他将沉醉于一种变幻不定的对角线之中，此外，对角线将把人们过去无法理解的东西变成可读的材料，确切地说就是陈述。这是一种不成调的逻辑吗？人们对此深感忧虑，完全正常，因为档案保管员存心不给出任何例证。他认为，他以前不断提供过例证，当时，连他本人也不知道曾提供的正是例证。现在，他所分析的唯一而确凿的例证，是有意让人担忧的。这个例证不是别的，而是一系列字母。它们是我胡乱写出来的，或者，是我按照打字机键盘上依次排列的字母抄写下来的。"打字机键盘不是一种陈述，但是，排列在打字机手册里的同一系列字母（A，Z，E，R，T）是法文打字机采用的字母顺序的陈述。"[3]这种**多样性**（multiplicités）不具有任何形式的规则性语言结构，它们都是陈述。什么是Azert?[4]既然我们习惯了其他档案保管员的研究方法，那我们就要问，在这些条件下，福柯如何能够产生陈述。

　　[1]　果戈理（Nicolas Vassiliévitch Gogol, 1809—1852）：俄国作家。——译注
　　[2]　卡夫卡（Franz Kafka, 1883—1924）：奥匈帝国作家。——译注
　　[3]　《知识考古学》，第114页。
　　[4]　Azert并非一个单词，而是由A，Z，E，R，T组成的字母系列，即电脑的法语键盘（键盘上行5个字母为A，Z，E，R，T，有别于Qwert，后者为电脑的英语键盘）。——译注

这一点尤其正确，因为福柯断言所有陈述基本上都是**稀有的** (rares)。事实上和法律上，陈述都与稀有规则和稀有效应密不可分。甚至恰恰是这一特点使陈述与命题、语句形成对照。就命题而言，我们总能尽量建构，尽量根据不同类型用一些命题表达另一些命题；这类形式化命题不应有别于可能和现实，命题的形式化衍生出大量的可能命题。至于那些确已说定的陈述，事实上，其稀有性来自一个语句对其他语句的否定、阻止、反驳或抑制，虽然每个语句都产生于它未曾言说的一切，产生于可能的或潜在的内容。这一内容衍生出意义，且显现于解释之中，同时形成"隐匿话语"[1]，即法律上的真正资源。语句辩证法总是服从矛盾，只是为了超越或加深矛盾；命题类型学服从于抽象，抽象在各种层面上将高级类型和低级类型协调起来。然而，矛盾与抽象是增加语句和命题的手段，犹如语句与语句总是对立的可能性或者总是以命题为基础构成命题的可能性。相反，根据精打细算原则甚或短缺不足原则，陈述与稀有空间不可分离，它们正是分布在这一空间。陈述领域既不存在可能性也不存在潜在性，一切都是现实的，一切现实性都显而易见：在此时此地，随着这样的空隙和空白的出现，独一无二的现实性清晰明白地展现出来。但是，所有陈述肯定很有可能彼此对立，处于不同的层面。可是，福柯用了两章的篇幅严格指出，陈述矛盾在可测的确定距离上只存在于稀有空间，陈述主要与变幻不定的对角线相关。在这个空间，变幻不定的对角线，能够直接将同一陈述群与处于不同层面的陈述群加以对照，能够在同一层面上直接选择某些陈述群而不考虑其

---

[1] 法语词 "discours"，又译作 "论说" "商谈" "论述" 等。——译注

组成部分的另一些陈述（这些陈述必以别的对角线为条件）。[1]
这是个变得稀薄的空间，它使这些运动（mouvements）、移积
（transports）、罕见的维度（dimensions）和划分（découpages）成
为可能，这种"有空隙而撕碎的形式"令人吃惊，在陈述方面，
已说定的事物实在不多，"**能**（peuvent）说定的事物也很少"[2]。
在稀有或扩散的组成部分中，逻辑标示的结果是什么？稀有或扩
散的组成部分与否定没有任何联系，反而形成陈述固有的"实
证性"。

福柯进而变得更加让人放心：如果陈述的确稀有，并且基
本上稀有，就无需独创性地产生陈述。陈述总是表示奇异性和奇
点 [3] 的传播。奇异性和奇点分布在彼此一致的空间。我们明白，
空间自身的构成和变更产生了一系列拓扑学问题，这类问题很不
利于创造、开端或基础。更有理由说，在受到重视的空间，首次
传播的产生，或者说传播的恢复和再生，并不重要。重要的是陈
述的**规律性**（régularité）：不是平均，而是曲线。其实，陈述不

---

[1]《知识考古学》，第 IV 部分，第 3 章和第 4 章。福柯注意到，在《词与
物》中，他对处于同一层面的三大组成部分——博物学、财富分析、普通语法
学——感兴趣，但他已经考虑到其他组成部分（有关《圣经》的批评、修辞学、
史学……）；放弃发现"话语间的网状系统，它不重叠于前者之上，但在某些关
节点上相互交叉"（第 208 页）。

[2]《知识考古学》，第 157 页。

[3] 在德勒兹的论述中，singularités 与 points singuliers，可以视为一致的、同
一的，而 singularités 本身也有"奇点"的意思，因此，在我们的翻译中，有时
觉得读作"奇异性"（甚至特殊性或独特性）更好，有时觉得读作"奇点"更
好，于是，我们看到其数学意义与非数学意义之间的一致性、沟通性或过渡性，
这意味着学科之间或思想之间的一致性、沟通性或过渡性。因为它们在福柯—
德勒兹语境中具有如此密切的关系，所以，我们可以把它们视为近义词，从而
不加区别地翻译和使用。——译注

与它所依赖的奇点传播混同在一起，而与通往其近邻的曲线状态相交织，更与它得以分布和再生的场域规则相结合。这就是陈述的规律性。"因而，独创性与寻常性的对立是不合理的：在最初表达与几年、几个世纪后或多或少准确重复这种表达的语句之间（考古学描述）不确立任何价值的等级；它不产生根本差异。它只试图建立陈述的规律性。"[1] 独创性问题比存在于一切中的起源问题更少。不必充当创造陈述的人，陈述不依赖任何**我思**，不依赖使之成为可能的先验主体，不依赖第一次讲出它（或重新创造它）的自我，也不依赖保存、推广和印证它的时代精神。[2] 每一陈述都有许多主体性"位置"，且变化无常。但是，准确地说，因为不同的个体可能来自各种情况，所以陈述是积累的特殊对象，根据这一对象，陈述被保存、传播或者重复。这种积累像一个储存组织，它不是稀有的对立面，而是这种稀有产生的结果。它也取代了起源、起源复还概念：犹如柏格森哲学的回忆，陈述在其空间里自我保存，并且与这一空间延续或重建一样存在。

我们应当围绕陈述把三个圆圈区分为三个空间侧面。首先是**侧面空间**（espace collatéral），这个空间是由其他陈述组合、毗连形成的，这些陈述是同一陈述群的四个部分。如果是确定陈述群的空间，或者相反，是确定空间的陈述群，那么知识（savoir）问题很少引起人们注意。既不存在有别于陈述的一致空间，也不存在无定位的陈述，这两者在构成规则的同一水平上相结合。重要的是，这些构成规则既不转化为某些公理（如命题），也不变成语境（如语句）。一些命题纵向地凭借高级公理——高级公理

---

[1]《知识考古学》，第 188 页（而关于"陈述—曲线"同化，第 109 页）。
[2]《知识考古学》，第 207 页（尤其是世界观批判）。

决定内在的常项——确定一致的系统。这是建立一致性系统的语言学条件。至于语句，它们根据外在变项可能在一个系统具有一个语句成分，在另一系统拥有另一个语句成分。一切别的语句成分都是陈述：它与固有变项不可分，通过这个变项，我们从未处于一个系统之中，却一直不断地从一个系统过渡到另一个系统（甚至转入同一语言内部）。陈述既不是旁侧的，也不是纵向的，而是横向的，陈述规则与陈述相适应。在那些能够确定规律性而非一致性的**变化或随意的**规则本身之下，当拉波夫特别指出青年黑人如何不断从"黑人英语"（black english）系统转向"标准美国英语"（américain standard）系统（及相反）之时，或许，福柯与拉波夫 [1] 彼此相近。[2] 甚至，关于话语构成的种种陈述好像在同一语言中起作用时，它们通过同样多的系统或语言从描述转向观察、计算、制度、规定。[3] 因此，形成陈述群或陈述族的是过渡规则或者变化规则，同样，使这样的"族"成为分散和混杂中心的是一致性的对立面。这个中心是组合或毗连的空间：每一个陈述都与各种陈述交织起来，经由过渡（矢项）规则与不同的陈述发生联系。因此，每一陈述不仅与"稀有的"多样性不可分，并很有规

---

[1] 拉波夫（William Labov，1927—　）：美国语言学家。——译注

[2] 参见拉波夫《社会语言学》，午夜出版社，第262—265页。拉波夫著作中最重要的东西是关于不恒定、不一致的规则。我们可以援用更接近福柯后续研究的另一例：克拉夫特-埃宾（Richard Freiherr von Krafft-Ebing）在撰写关于性反常的重要集子《性心理变态》时，陈述对象一过于露骨，德语句子就都含有一些拉丁文片断。老是在两个方面从一个系统过渡到另一个系统。我们认为，这是鉴于外部环境或外在变化（羞耻、指责）；这的确是从语句观点看。而从陈述观点看，克拉夫特-埃宾的性欲陈述与固有变化不可分离。指出一切陈述概莫能外，不会太难。

[3]《知识考古学》，第48页（19世纪医学陈述的例子）。

律，而且具有多样性：是多样性，而不是结构或系统。陈述拓扑学与命题类型学之间的对立，犹如它与语句辩证法之间的对立。据福柯看来，我们认为，陈述、陈述族、话语构成首先取决于固有的变化曲线，或者取决于分布在组合空间的矢项场：这是作为**原函项**（fonction primitive）的陈述或者是"规律性"的基本含义。

第二个空间侧面是**相关空间**（espace corrélatif），它与组合空间不同。现在的关键是陈述关系，不再是与其他陈述之间的关系，而是与陈述的主项、对象和概念之间的关系。存在着发现陈述与词项、语句或命题间崭新关系的可能性。事实上，语句依赖已说定的陈述主项，该主项似乎能使话语开始出现：关键在于"我"，"我"作为语言学上的人称，不可归于"他"，甚至在他还未明确被表示出来之时，"我"就是连接者或自我参考系。因此，我们对语句的分析，是从内在常项（我的形式）和外在变项（决定我且充当这一形式的东西）两个方面着手的。这与陈述完全不同：陈述依赖的不是某种唯一的形式，而是变化无常的内在身份，身份是陈述自身的组成部分。例如，如果"文学"陈述依赖作者，匿名信也依赖作者，但这完全是另一层意义，普通信件依赖签字人，契约依赖担保人，布告依赖拟稿人，文集依赖编纂者……[1] 它们不是语句的一部分，但统统都是陈述的一部分：这是原函项的**派生函项**（fonction dérivée）和陈述的派生函项。陈述与可变主项间的关系本身构成陈述的内在变项。"我很久都是早早就寝……"，普鲁斯特 [2]《追忆似水年华》如此起笔，并把

---

[1]《何谓作者？》第 83 页和《知识考古学》第 121—126 页（特别是关于科学陈述的情况）。

[2] 普鲁斯特（Marcel Proust，1871—1922）：法国作家。——译注

它归于故事的讲述者。随着人们将这个语句与任意主项联系起来，或者与作者普鲁斯特联系起来，这完全是相同的语句，却是不同的陈述。进一步讲，同一陈述可能有几种身份或几个主项地位：作者与讲述者，或者签字人与作者，犹如在德·塞维涅 [1] 夫人的信件里（收信人在两种情况下不是同一个人），或者报告者与被报告者同时存在，犹如在间接话语中（尤其是在主项地位彼此渗透的自由的间接话语中）。但是，各种地位都不是派生陈述的初始的"我"的形象；相反，它们派生于陈述自身，在此名义下，它们是"非人称""人称代词——**他（IL）**"或"**泛指代词——人们（ON）**"的形式，"**他说**""**人们说**"都根据陈述族进行自我规定。福柯酷似布朗肖 [2]，布朗肖提出了完整的语言人称学，并在匿名低语声的深处确定了主项地位。正是在这无始无终的低语声中，福柯期望就位，在这里，陈述为他指定了一个位置。[3] 这也许是福柯最动人心弦的陈述。

我们将讨论陈述的对象和概念。我们认为命题有语词所指的对象。因此，表示或者指向性是命题的内在常项，替换（或不替换）命题的事物状态则是外在变项；但是事物状态不同于陈述，陈述有话语对象。话语对象决不包括已经涉及的事物状态。这是派生对象。这一对象在作为原函项的陈述变项范围内明确地自我

---

[1] 塞维涅（Narie de Sévigné, 1626—1696）：法国书简作家。——译注

[2] 布朗肖（Maurice Blanchot, 1907—2003）：法国随笔作家、评论作家、小说家。——译注

[3] 亦参见《话语秩序》的开头。在福柯那里，"人们说"，在《词与物》中表现为"语言的存在"，在《知识考古学》中表现为"有语言"。我们将参考布朗肖有关"人称代词（il）"的著作（特别是《火的产生》，伽利玛出版社，第29页）以及论述"泛指代词（on）"的著作（特别是《文学空间》，伽利玛出版社，第160—161页）。

确定。它无法区分不同的指示类型。有的指示类型可能被事物状态替换，有的指示类型是空的，一般是虚构的或想象出来的（比如，我遇到过独角兽），或者甚至通常是荒谬的（如方的圆）。萨特[1] 曾经说过，与即将入睡时不变的环境和醒着的普通世界不同，每个梦、每个梦境都有其特殊的世界。[2] 福柯的陈述如梦：每个陈述都有其特殊对象，或者被一个世界所包围。因此，"金山在加利福尼亚"完全是陈述：它没有语词所指的对象，但以空的指向性为由还显得不够充分，处于空的指向性的一切都是可能的（一般所谓的虚构）。"金山在加利福尼亚"这一陈述绝对拥有话语对象，也就是一定的想象世界。想象世界"允许或不允许地质的和地理的相同幻想"（我们将更好地理解是否引用"一颗像里茨酒店那么大的钻石"，这颗巨钻不求助于一般所说的虚构，但求助于十分特殊的世界，菲茨杰拉德[3] 的陈述被这个特殊世界包围，这种陈述在与同一作者的其他陈述所处的关系中建立起"族"）。[4] 最后，就陈述概念而言，会得出相同的结论：词语完全是作为所指的概念，就是说是作为外在变项的概念，根据词语所指（内在常项），词语与概念有关。但是，在这里，词语与陈述不再相同。在不同系统的交错处，陈述有其自身的概念，不，确切地说，有其特有的话语"模式"（schèmes discursifs），陈述作为原函项而贯穿于不同的系统，例如，在某一时代或某一话语构

---

[1] 萨特（Jean-Paul Sartre, 1905—1980）：法国哲学家、作家、文学家。——译注

[2] 萨特：《想象》，伽利玛出版社，第322—323页。

[3] 菲茨杰拉德（Scott Fitzgerald, 1896—1940）：美国小说家，"一颗像里茨酒店那么大的钻石"是他一个短篇小说的名字。——译注

[4]《知识考古学》，第118页（金山……）

成中（17 世纪的躁狂症和 19 世纪偏狂的出现……）[1]，医学陈述中存在着症状的归类和易变区别。

如果陈述有别于词语、语句或命题，那么这是因为它们自我包含，诸如陈述的"派生陈述"、主项函项、对象函项和概念函项。准确地说，主项、对象、概念只是原函项或陈述的派生函项。相关空间是陈述族的主项、对象、概念的地位和身份的论述秩序。这是"规律性"的第二层含义：这些不同的地位体现着特殊的情况。因此，陈述的多样性与词语、语句、命题系统产生对立。词语、语句和命题系统通过内在常项和外在变项而发展，陈述的多样性则通过固有变项和内在变项而扩展。从词语、语句和命题的观点看，好像是偶然的东西，但从陈述的观点看，却变成规则。因此，福柯建立了一种新语用学（nouvelle pragmatique）。

第三个空间侧面是外在的，即**补充空间**（espace complémentaire），或者非话语构成空间（"制度、政治事件、经济实践和过程"）。福柯正是在这一点上初步建立起政治哲学概念。制度本身包含着陈述，例如宪法、宪章、契约、登录和记载。相反，一些陈述依赖制度环境。没有这些环境，出现在这样的陈述场合的对象不可能形成，谈论这一地位的主项也不可能产生（这一地位是指，在一定时代，作家在社会上的地位，医生在医院或诊所的身份，对象的新出处）。但进一步讲，制度的非话语构成与陈述的话语构成之间，存在一种巨大的欲望，就是建立

---

[1] 关于"前概念模式"（schèmes préconceptuels），见《知识考古学》，第 80—81 页。有关疯狂和疯狂在 17 世纪的分布，参见《古典时代疯狂史》第二部分；至于 19 世纪偏症的出现，见《我，皮埃尔·里维埃，杀害了我的母亲、妹妹与弟弟……——19 世纪一桩杀亲案》。

一种纵向平行论，犹如相互象征的两种表现形式（表现形式的初级关系）之间的关系，或者是建立横向因果关系，根据这种因果关系，事件和制度把人们确定为陈述的假设作者（反思的中级关系）。对角线仍然强制性规定第三条途径：**与非话语环境相关的话语关系**（relations discursives avec les milieux non discursifs）。它们自身既不内在于陈述群又不外在于陈述群，但是构成前面谈到的范围，即确定的横向关系，没有这种关系，陈述对象就不可能出现，其地位也不能在陈述自身中被确立。"当然，这不是政治实践，自 19 世纪初以来，政治实践强加于作为组织病变或解剖病理学关系的新对象的医学；可是它开拓了医学对象确定的新领域（……受到行政限制和监视的人群……庞大的人民军队……根据一定时代和社会阶层彼此状况的经济需要而建立的医院援助制度）。政治实践与医学话语之间的关系，我们发现它同样出现在一定的医生条例之中……"[1]

既然独创与寻常的差别并非一成不变，**能得到重复**（répété）是陈述的权利。语句可以被重复或被再现，命题可以被重新构造，唯有"陈述能自我重复"[2]。但是，重复的现实条件看来是相当严格的。一定存在着相同的分布空间、相同的特殊分类、相同的场合和地位秩序、与创造环境有关的相同关系：它们都构成陈述的"物质性"，有了物质性，陈述才能出现。出现在 18 世纪博物学中的"物种变化"与出现在 19 世纪生物学中的"物种变化"，不是同一陈述。甚至，随着描述可以使用度量单位、距离、

---

[1]《知识考古学》，第 212—214 页和第 62—63 页。
[2]《知识考古学》，第 138 页。

分布、完全不同的制度，从达尔文 [1] 到辛普森 [2]，陈述不一定保持同一。同一句口号（"疯子们，滚到疯人院去吧！"），可能完全属于不同的话语构成，如在 18 世纪，是为了抗议把犯人和疯子混杂在一起；或者相反，如在 18 世纪，是反对某些把疯子和犯人分开的疯人院，或进一步讲，今天出现了反对改变医院环境的情况。[3] 人们提出反对意见说，福柯使以**语境**（contexte）为基础的经典分析变得优雅起来，除此而外，没有别的了。这完全低估了他所建立的新标准，准确地说，这是为了表明，在同一陈述里不总有相同的地位，不再产生相同的奇异性，人们可以言说一个语句或提出一个命题。如果我们在确定包含陈述的话语构成时必须揭示虚幻的重复，那么我们反而会在同构 [4] 或同位 [5] 的不同

---

[1]　达尔文（Charles Darwin, 1809—1882）：英国博物学家、古生物学家。——译注

[2]　辛普森（Georges Gaylord Simpson, 1902—1984）：美国古生物学家。——译注

[3]《古典时代疯狂史》，第 417—418 页。

[4]　同构（isomorphisme，由 iso/ 同与 morphisme/ 同态构成），在数学上指一个保持结构的双射，能揭示出对象的属性或操作之间的关系，仅从结构上看，同构对象完全等价。一般地讲，同构是指，一个态射（morphisme），并存在另一个态射，使二者的复合成为一个恒等态射。所谓态射，在集合论中，就是函数；在群论中，就是群同态；在拓扑学中，就是连续函数；在泛代数中，就是同态。态射的类型有同构（isomorphisme）、满同态（épimorphisme）、单同态（monomorphisme）、双同态（bimorphisme）、自同态（endomorphisme）、自同构（automorphisme）等，其中的"同构"为最要。在这里主要指陈述之间的同构关系。——译注

[5]　同位（isotopie，由 iso/ 同与 topos/ 位构成），在数学上，即是合痕，为代数学的基本概念。所谓合痕（isotopie）就是指两个非结合代数之间的三个可逆线性变换满足的一种特殊的保乘关系。在物理学、化学上，指同位素（isotope），在语言上，是共同义素的集合。与 utopie（乌托邦）和 hétérotopie（异托邦）相对应，我们亦可将 isotopie 译为同托邦。——译注

构成之间发现这种虚幻重复。[1] 至于语境，它什么也没有说明，因为按照话语构成或者受到重视的陈述族来说，语境具有不同的性质。[2]

倘若陈述的重复有着如此严格的条件，这便不是根据外在条件，而是根据内在的物质性，内在物质性使自身的重复成为陈述的固有力量。这是因为陈述总是通过与一个**别物**（un autre chose）所具有的特殊关系而自我规定，该物与陈述处于同一水平，也就是说，某一别物关涉陈述自身（与它的意义或它的组成部分无关）。这个"别物"可能是陈述，在某种情况下，陈述公开重复出现。不过，此别物处于极端的时候，必然不同于陈述，这就是外部。这是纯粹的特殊辐射，如同不确定的点，因为特殊辐射尚不由曲线决定和限制，陈述曲线将这种辐射联系起来，并且在邻域形成。福柯指出，曲线、图表、塔形图都是陈述，但它们所体现的不是陈述。我抄写的字母 AZERT 同样是陈述，尽管打字机键盘上的这些字母不是陈述。[3] 在这种情况下，我们发现，秘密重复使陈述充满活力；读者重新发现了影响《雷蒙·鲁塞尔》最优美段落的主题；"反常产生同一的微妙差异"。陈述自身就是重复，尽管它所重复的是"别物"，这一别物可能与陈述非常相似，简直相同。那么依福柯看来，最大问题是弄清作为陈述条件的奇异性包括什么。可是，《知识考古学》停留于这个层面，还无须讨论这个超出"知识"范围的问题。福柯的读者推测，我们已经进入了一个崭新领域，即与知识相结合的权力（pouvoir）领域。

---

[1]《知识考古学》，第 210 页。
[2]《知识考古学》，第 129 页。
[3]《知识考古学》，第 114—117 页（和第 109 页）。

恰恰是这些著作会探索该领域。然而，我们已经揣测到键盘上的 **AZERT** 是权力焦点集合，即反复出现在法语字母表上的字母和有间距的手指之间的力量关系集合。

在《词与物》中，福柯解释道，问题既不在物也不在词。没有更多的对象，也没有更多的主项；没有更多的语句，也没有更多的命题和更多的语法、逻辑或语义的分析。陈述远远不是词和物的综合，也远远不是语句和命题的复合，更确切地说，完全相反，它们先于不明言以它们为前提的语句或命题，是词语和对象的构成者。福柯着手进行了两项修改：在《古典时代疯狂史》中，他过于强调疯狂的"经验"，疯狂经验当时还居于野性状态和命题的二重性之中；在《临床医学的诞生》中，他援用了"医学凝视"概念，医学凝视在当时仍以与客体相比太确定的假设主项的唯一形式为条件。然而，这些修改也许是虚假的。为了有利于新实证主义，抛弃作为《古典时代疯狂史》绝妙之处的浪漫主义并不令人感到遗憾。变得稀有而自身富有诗意的实证主义，在话语构成或陈述的传播过程中，也许有效地使始终作为疯狂经验的总体经验重新活跃起来；在话语构成内部的不同场合，也能有效地使变幻不定的位置重新活跃起来，这些位置属于医生、临床医生、诊断医生和文明的症状学家（撇开一切世界观 [1]）。《知识考古学》的结论，如果不是提出关于作品的一般理论应与革命实践相结合，又是什么呢？积极的"话语"在与我生死无关的"外部"组成要素中形成于何处呢？因为话语构成是名副其实的实践及其语

---

　[1]　原文为德文 Weltanschauung。——译注

言，而不是普遍逻各斯，是死的语言，适宜于促进且时而表达某些变化。

这就是陈述群，并且完全是单独的陈述：这些是多样性。正是黎曼[1]提出了"多样性"和多样性种类概念，多样性概念同物理学与数学相适合。多样性概念在哲学上的重要性后来出现在胡塞尔[2]《形式逻辑与先验逻辑》和柏格森[3]《论意识材料的直接来源》之中（柏格森力求把绵延确定为与空间多样性相对立的多样性类型，这有点像黎曼区别离散和连续的多样性）。但是，这一概念在两方面都流产了，或者因为类型差异在建立简单二元论时掩盖了它，或者因为它以公理系统的地位为目的。但这个概念的基本方面是，像"多"这样的名词的构成不再是可以和一对置的谓词，或者不再是可归因于表示为一的主项的谓词。多样性完全不在乎多和一的传统问题，尤其不在乎制约它、思考它、从起源派生它等的主项问题。既没有一也没有多，不管怎样，它们都会诉诸意识，而意识在一个之中重新开始又在另一个之中发展。只存在稀有的多样性，它们与为了某时起主项作用的奇点及其空位，可并合、可重复且自我保存的规律性结合在一起。多样性既不是公理的，又不是类型的，而是拓扑的。福柯的著作描述了多样性理论——实践中最具决定性的一步。在另一方面，这就是在莫里斯·布朗肖建立的文学创作逻辑中的方法：单数、复数、中性和重复之间最严密的关系，以便同时摈弃意识形式或主项形式，以及未分化的无限的空洞无物。福柯在这方面没有掩盖他认识到

---

[1] 黎曼（Bernhard Riemann，1826—1866）：德国数学家。——译注
[2] 胡塞尔（Edmund Husserl，1859—1938）：德国哲学家。——译注
[3] 柏格森（Henri Bergson，1859—1941）：法国哲学家。——译注

的与布朗肖之间的密切关系。福柯指出，今天争鸣的要点更多地支撑在我们假设的不完全具有一定结构的范围内主项的位置和身份上，而不是支撑在某种结构主义与被我们称作结构的非模型和现实的存在之上。因此，只要我们直接以历史反衬结构，那么我们会认为，主项把意义作为构成的、聚集的、统一的作用加以保存。但是，我们把"时代"或历史构成视作多样性时，主项同样不再具有这一意义。时代和历史构成犹如避开结构支配那样避开主项支配。结构是命题，在十分确定的层面上，具有可定性公理特征，构成一致性系统，而陈述呈现出多样性。多样性渗透到了一切层面，无处不在，"使结构和可协调领域相互交错，使这一领域与具体内容一起出现在时空中"[1]。主项是语句的或辩证的，具有第一人称特点，话语始于第一人称，然而，陈述是匿名的原函项，该函项只在第三人称上依靠主项而存在，犹如派生函项一样。

考古学与"档案保管员们"至今运用的两大主要技术（形式化与解释）相对立。档案保管员们同时借用它们时，往往从一种技术走向了另一种技术。时而，他们从语句中提炼出逻辑命题，逻辑命题起着明确意义的作用：他们如此越过处于接近可理解的形式、能处于符号表层、却来自异于记录秩序的另一种秩序的东西。时而相反，他们超出一个语句而接近其悄悄参照的另一个语句：他们如此将被记录者与另一种记录并合在一起，这另一种记录大概建立隐藏意义，但首要的是它不记录相同事物，也不具有相同内容。更确切地说，这两种过激态度显示出两端，解释与形

————————

[1]《知识考古学》，第 115 页、第 259—266 页。

式化在这两端游移不定（比如我们在函项—形式假设和"双重记录"的局部假设之间的精神分析摇摆中所见到的那样）。函项—形式假设清除了语句中的过度言说，局部假设清除了语句的非言说。在这里，逻辑判断指出，应该区分出同一语句的两种命题，解释学科判断则指出，一个语句包含某些必须填补的空白。因此，从方法论上看，显然很难限于确实被言说者和**被言说者的唯一记录**（seule inscription de ce qui est dit）。甚至特别是语言学不限于此，语言学单位与被言说者从不齐一。

福柯要求得到十分不同的设想权：犹如格言实证性（positivité du dictum）即陈述那样，与被言说者的简单记录齐一。考古学"不回避口头语言行为（performances verbales），以发现存在于其背后和内部的隐蔽要素和秘密意义，秘密意义埋藏在口头语言行为中或者不用言说而通过口头语言行为显现出来；而陈述并非立即可见；它不以和语法的或逻辑的结构一样明显的方式表现出来（即使这一方式不完全明晰并且很难澄清）。**陈述既不可见也不隐蔽**（L'enoncé est à la fois non visible et non caché）"[1]。在这些基本片段中，福柯明确指出，任何陈述都不可能潜在地存在，因为它关涉确实被言说者；即使存在着的空缺或空白不应混同于隐讳的意义，也仅仅显示出陈述存在于构成"族"的弥散空间里。但是相反，倘若记录与被言说者如此难以齐一，那么正是因为陈述不是立刻可感知到的，并且总是被语句和命题重新遮饰。应当发现陈述的"基底"，进而润饰、构筑和创造这一基底。应当创造和划分基底的三维空间；正是只在有待构建的多样性之中，陈述可

---

[1]《知识考古学》，第143页。例如，盖鲁（Martial Gueroult）所构想的哲学史正是限于这种唯一的记录，它不可见，也不隐蔽，不用形式化，也不用解释。

作为被言说者的**简单**（simple）记录而形成。不过，如果解释和形式化未曾以作为自身先决条件的简单记录为前提，知识问题便接踵而至。事实上，这岂不是陈述记录（陈述作为记录）吗？在某些条件下，陈述记录在另一种记录中具有双重性，或者凸显于命题之中。所有信封上的地址和所有信末附有客套语的签名，都依赖话语构成中特有的陈述记录：档案遗迹和非文献。"为了语言能够成为对象，被分散在不同层面并被描述和分析，应该存在着总是确定而有限的陈述假设：语言分析总是在语言和作品**汇编**（corpus）之上得以实现；解释和暗含意义的显现总是建立在限制性语句群的基础上；关于系统的逻辑分析在重写文字和形式语言中包含着一定的命题集。"[1]

这是具体方法的要义。我们必须从词语、语句和命题出发。然而，根据所提问题，我们在确定而可变的汇编中组织词语、语句和命题。这曾是分布语言学派布隆菲尔德[2]或者哈里斯[3]的要求。但是，福柯的独创性全在汇编方式之中，他确定了汇编范围：既不根据重复出现或语言常项，也不按照说者或写者的个人身份（伟大思想家、著名政治家，等等）。弗朗索瓦·埃瓦尔德[4]正确地指出，福柯的汇编是"无参照的话语"，档案保管员往往避免援引名人。[5]他既不选择基本的词语、语句和命题，也

[1]《知识考古学》，第 146 页。

[2] 布隆菲尔德（Leonard Bloomfield，1887—1949）：美国语言学家。——译注

[3] 哈里斯（Zellig Sabbetai Harris，1909—1992）：美国语言学家。——译注

[4] 弗朗索瓦·埃瓦尔德（François Ewald，1946—　）：法国《文学杂志》（*Magazine Littéraire*）编辑，曾任福柯在法兰西学院时的助手和巴黎福柯中心主任，现执教于巴黎国立工艺博物馆兼学校。——译注

[5] 弗朗索瓦·埃瓦尔德：《解剖学与政治身体》，载《评论》第 343 期，1975年 12 月，第 1229—1230 页。

不根据词语、语句和命题的结构形成它们的主体作者，而根据它们在群体中所发挥的简单作用而进行选择：比如收容所或监狱的拘禁规则；军纪和校规。如果我们坚决要求回答福柯所采用的标准问题，答案只明确出现在《知识考古学》以后的著作里：汇编里谨慎使用的词语、语句和命题应围绕权力和反抗扩散之地被选择，这样或那样的问题调动了权力和反抗。例如，19 世纪的"性欲"汇编：我们将寻找到在告解座四周相互交换的词语和语句，以及决疑论手册 [1] 里凑集的命题，我们也将重视其他场所、学校、出生率统计研究机构、结婚统计研究机构……[2] 正是这一标准被实际运用到了《知识考古学》之中，虽然标准理论仅仅在后来才被建立起来。那么若汇编在以前就被建立起来（不以任何陈述为前提），我们就可以确定语言聚集到这种汇编里，也"落到"这种汇编之上的方式：这就是《词与物》所论述的"语言的存在"和《知识考古学》所引用的"有语言"。"有语言"随着每一集而发生变化。[3] 这就是"人们说"（ON parle），犹如匿名的低语声，这种低语声根据备受关注的汇编而步步向前传播。因此，我们从词语、语句和命题中萃取出不与它们混同的陈述。语句主项、命题对象和词语所指，一方面居于"人们说"之中，被分布和被分散到语言深处，一方面**改变性质**（changent de nature），这时，陈述不是词语，不是语句，也不是命题，而是只摆脱其陈述汇编的构成。依据福柯常有的悖论，语言只聚集于汇编层面，以

---

[1] 法语 manuel de casuistique 一词，亦可译为神学理论手册。——译注

[2] 参见《知识意志》中"话语鼓动"一章。实际上，《监视与惩罚》为满足自身需要而开始研究标准问题，我们可以事先运用它，而不会产生任何预期理由。

[3] 《知识考古学》，第 145—148 页。

作为陈述的分布或分散中心，以及必然分散的"族"的规则。这种十分完备的方法相当严密，在不同程度上贯彻到福柯的全部著作。

果戈理在撰写他关于死魂灵记录的代表作时，阐明其小说是诗，并指出，小说为何又在何种程度上必定是诗。在考古学上，可能福柯所论述的不是其方法的话语，而是其先前作品的诗，进而升华到哲学必成诗，即被言说者的动人诗篇这一境界，并且，哲学既是无意义的诗又是至深意义的诗。福柯可以某种方式表明，他向来撰述虚构：我们已经知道，陈述与梦相似，根据受到关注的汇编和我们所勾勒的对角线，犹如在万花筒里一样，一切都变了。但他也可以另一种方式指出，他一向只描写现实，并且以实写实，因为一切在陈述中都是现实的，一切现实在陈述中都是显而易见的。

存在着如此丰富的多样性。不仅有话语和非话语多样性的重要二重性，而且在话语中存在着种种陈述族或者陈述构成，陈述族或陈述构成表在任何时代都是开放的，且各不相同。进一步讲，陈述类型以某些"开端"作标志，同一陈述族能够跨越几种类型，同一类型能够标示几个族。例如，科学包含着数个开端，有些陈述超过这些开端而实现"认识论化"，获得"科学性"，甚或得以"形式化"。但是，科学在陈述族或陈述构成里建立起来，从来不吞并它们：精神病理学的科学地位和科学要求并不取消法律文本、文学表达、哲学思考、政治决议或一般观点，它们是彼此一致的话语构成不可分割的部分。[1] 科学竭力引导话语构成，

---

[1]《知识考古学》，第 234 页。

使某些领域系统化和形式化，哪怕从科学那里受到人们错误认为的与简单的科学缺陷有关的意识形态影响。总而言之，科学局限于知识领域和话语构成。科学不消除知识领域，话语构成是通过科学自身成为知识对象而非科学对象。知识不是科学，甚至也不是认识，它的对象是先前确定的多样性，不，确切地说，是它自身所描述的明确多样性及其奇点、地位和作用。"话语实践与它所产生的科学设计不同；它所形成的知识既非严格的图样，也非已建构的科学的日常副产品。"[1] 然而，我们同样明白某些多样性和构成对知识没有指导作用，这种知识为抵达认识论开端而无法摆脱多样性和构成。在其他方向和别的一切开端，多样性和构成指引知识。这并不仅仅意味着，除非重新分配和真正转变（正如出现在 17 世纪、18 世纪精神病学之前的转变），某些语族"无法胜任"科学。更确切地说，我们追问是否存在开端，比如美学开端，它们在有别于科学的方向上发挥知识的作用，并且能够在多样性和构成所属的话语实践中界定文学作品或者绘画作品。或者甚至是否存在伦理学开端和政治学开端：我们会指出，禁忌、排斥、限制、自由和违反如何"与确定的话语实践发生联系"，又如何与非话语中心相适应，又如何或多或少能够接近革命开端。[2] 因此，在整个多样性范围，在与事件、制度和其他一切实践相联系的被言说者的唯一记录中，诗歌—考古学诞生了。重要的是，超越科学与诗歌二重性。这种二重性曾进一步加重了巴什拉 [3] 作品的负担。这不再是已经找到科学对待文学作品的方法，

---

[1]《知识考古学》，第 140 页。

[2]《知识考古学》，第 251—255 页。

[3] 巴什拉（Gaston Bachelard，1884—1962）：法国哲学家。——译注

而是已经发现和衡量了这一陌生领域。文学形式、科学命题、日常语句、精神分裂症的无意义，等等，在该领域同样是一些陈述，但不存在共同尺度，也没有任何简化和话语等价。这一点正是逻辑学家、形式主义者或者解释学家从来没有触及过的。科学和诗歌同是知识。

然而，是什么东西限制语族（famille）即话语构成？如何设想鸿沟（coupure）？它们完全不同于开端问题。但进一步讲，这不是约定的公理方法，也不是严格意义上的结构方法，因为从一个构成到另一个构成的替换不一定产生于最一般的、最具形式化的陈述水平上。只有成系列的方法，正如今日史学家所使用的，能够建立一种与奇点相邻的系列，能够在其他方向上和在其他情况下寻找那些延伸它的其他系列。总是存在着某一时间和某一场所，各种系列在此开始，分散和分配到新的空间：正是在这一空间，鸿沟得以跨越。成系列的方法建立在奇点和曲线之上。福柯指出，成系列的方法似乎存在两种对立的作用，因为它引导史学家在长时期内造成非常巨大而相距遥远的鸿沟，却引导认识论专家往往增加短暂的鸿沟。[1] 我们会重新发现这个问题。但无论如何，重要的是可定多样性的系列结构使一切序列的分期成为不可能，这有利于哲学家颂扬主体所构想的史学（"把历史分析转换成连续话语，把人类意识转换成一切演进和实践的原始主体，这是同一思想体系的两个侧面：在总体上构想时间，一切革命都只不过是获得意识……"）。[2]

---

[1]《知识考古学》，第15—16页［关于历史上成系列的方法，参见布罗代尔（Fernand Braudel）：《论历史》，弗拉玛里翁出版社］。

[2]《知识考古学》，第22页。

　　对于总是援引**史学**（Histoire）和反对不确定性概念（如"突变"概念）的人来说，在解释资本主义为什么在某时某地产生之时，应该联想到真正史学家的困惑，然而又有那么多因素好像促使资本主义可能在别处和其他时代产生。"概括并深入讨论关于系列的问题……"，无论是话语的还是非话语的构成、语族和多样性，都具有历史性。这不仅仅是共同存在的复合体，而且与"派生的时间向量"不可分割；一个新构成同新规则和新系列一起出现之时，在语句上或者在创造中，从来不是突如其来的，而是由原有素材的遗迹、差异、复活一砖一瓦地积叠而成的，遗迹、差异、复活在新的规则之下继续存在。尽管存在着种种同构和同位，任何一个构成都不是另一个构成的模型。因此，鸿沟理论是一个体系的基本构件。[1] 应当追踪系列，穿越层次，跨过开端，从不满足于根据横向的或纵向的维度而展示现象和陈述，但是形成横跨线和多变的对角线，档案保管员兼考古学家应该在此游刃有余。布莱 [2] 关于韦伯恩 [3] 稀疏领域的判断也适用于福柯（且适用于他的风格）："他建立了一个崭新的维度，我们可以把它称为对角线维度，即某种完全在空间中而不在平面上的点、块或形的分布。"[4]

[1] 这里有两个问题：一是实践问题，实践在于知道在何处使某一种确定情形下的鸿沟得以穿越，一是理论问题，实践依赖理论，理论涉及鸿沟自身的概念（在这一点上，阿尔都塞的结构概念与福柯的系列概念，应是相互对立的）。

[2] 布莱（Pierre Boulez, 1925—2016）：法国作曲家、乐团指挥。——译注
[3] 韦伯恩（Anton von Webern, 1883—1945）：奥地利作曲家。——译注
[4] 布莱：《学徒名录》，瑟伊出版社，第372页。

一位新的地图绘制者
（《监视与惩罚》）

　　福柯从来没把写作当成一个目标，当成一个目的。实际上，正是这一点把他造就成一位伟大作家，写作其乐无穷，欢笑不已。惩罚戏剧不可思议：在如此众多的反常发明、犬儒主义话语、注重细节的恐怖面前，这成为一种狂笑入迷的基本权利。从儿童防手淫装置到成人监狱机构，整个链条都被拉开，只要耻辱、痛苦或死亡不使这个链条保持沉默，它就发出意外的笑声。死刑执行者很少笑，或者，这不是同一种笑。瓦莱斯[1]已经在恐怖中乞求适合于革命者的快乐，这与死刑执行者令人恐惧的快乐决然不同。只需深仇大恨，我们就可以从仇恨中得到某种东西，即巨大的快乐，这不是情感的快乐和憎恨的快乐，而是希望摧毁

------

　　[1]　瓦莱斯（Jules Vallès，1832—1885）：法国作家兼记者。——译注

那种损坏生命的东西的快乐。福柯这部著作充满华丽文笔和政治内容互相交织的快乐和狂喜。它因精心完成的残忍描述而具有节律特征：达米安 [1] 大酷刑及其受挫；鼠疫流行的城市及其分区控制；穿过城市且与人群对话的苦役犯行列；然后，却是新的隔绝机器、监狱、囚车，这些显示出另一种"惩罚艺术中的敏感性"。福柯总能在他分析的背景上绘就一幅幅令人赞叹的画面。在这里，分析变得越来越具有微观物理性，在色彩的视觉和光线意义上而非在色彩的因果意义上，画面在显示分析"效果"时变成越来越具物理性：从红色酷刑的红色到灰色监狱的灰色。分析与画面并存；权力微观物理学和身体政治倾注同时产生。生动画面处于微型方格卡片上。《监视与惩罚》同样显示出福柯以前著作的延续性，标志着新的决定性进步。

冗长而模糊地显示左派特征的东西就是，在理论上，对权力问题的重新讨论，将矛头同时指向马克思主义和资产阶级观念；在实践上，是某种局部而特殊的斗争形式，其相互关系与必要一致不再来自总体化过程和集中化过程，但来自瓜塔里 [2] 所说的横向性（transversalité）。实践和理论这两个方面密切相关。但是左派也不再维护和恢复一些简单的只言片语，以又一次在其中把自身掩盖起来，如同不再恢复与过去的实践重新建立联系的团体集中化。也许，监狱调查组（Groupe d'Information sur les Prison，简称 G.I.P.）从 1971 年到 1973 年在福柯和德福尔推动下运转，犹

---

　　[1] 达米安（Robert François Damien，1715—1757）：法国士兵，后为皇家侍从，以小折刀轻拍路易十四，并无伤害，以提醒他多思政务，1757 年在巴黎沙滩广场被处以四马分尸刑，这一可怖的酷刑引起了长久的公愤。——译注
　　[2] 瓜塔里（Félix Guattari，1930—1992）：法国精神分析学家、哲学家。——译注

如知道避免重新出现并维持监狱斗争和其他斗争的那种最初关系的团体。1975 年，福柯再次发表理论，在我们看来，他是创造新权力概念的第一人，我们曾经寻找这一概念，而不知如何发现和陈述它。

这个概念正是《监视与惩罚》一书的关键所在，尽管福柯仅在该书开头用了几页的篇幅来说明它。仅仅只有几页，因为他运用了完全不同于"论题"方法的方法对这一概念进行了研究。他满足于提出放弃一些标明左派传统观点的公设。[1] 后来的《知识意志》更加详细地阐述了这一点。

所有权公设（postulat de la proprieté）表明，权力就是夺得权力的阶级的"所有权"。因此，福柯指出，权力不是源于此：权力与其说是一种所有权，不如说是一种策略，权力作用不可归因于占为己有，"但可归因于那些支配权、操纵、战略、技术、功能"；"它与其说被占有，倒不如说被运用，它不是统治阶级获得或保持的特权，而是其策略立场的总体功能。"我们已经适应了此种新功能主义，这一功能分析当然不否定阶级及其斗争的存在，但是，利用异于传统史学，甚至马克思主义史学的风景、人物和方法描绘出了一幅完全不同的画面："存在无数对抗点和不稳定性中心，其中，每一个对抗点与不稳定性中心都有力量关系的冲突、斗争与起码短暂颠倒的危险"，不存在类似性、同源性、一义性，而具有一种最初的可能连续性。总之，权力不具有同质性，而由它跨越的奇异性即奇点来确定。

局部化公设（定位公设，postulat de la localisation）表明，权

---

[1]《监视与惩罚》，第 31—33 页。

力会是国家权力，它自身在国家机器里会被局部化，以致"内部"权力只是在表面上是分散的，依然是特殊的国家机器。福柯指出，国家自身反而显现为团体效应或者机构和中心多样性的结果，这些机构和中心处于完全不同的层面，至于它们自身，则构成"权力微观物理学"。内部体制与国家机器的明显部件同时具有根源、程序、行使，国家批准、控制，甚至仅限于保护这种起源、程序和行使，甚至建立它们。《监视与惩罚》的基本思想是，一切现代社会都可以被确定为"惩戒"社会；但是惩戒不可与制度和机器一致，确切地说，因为惩戒是一种权力，即工艺，惩戒通过各种各样的机器和机构使现代社会联系起来，使它们持续下去，使它们趋向同一目标，使它们以新的方式表现出来。就是说，一些隶属于国家的特殊部件或机构与警察局和监狱一样显而易见："如果作为机构的警察局在国家机器形式下已经得到很好的组织安排，并且完全归并于政治的最高权力中心，那么它行使的一种权力、运行的机构，以及利用权力和机构的环境会产生特殊效应"，与此同时，它负责使惩戒进入社会的短暂性细微领域，在此显示出相对于司法机关甚至政治机关的巨大独立性。[1] 更何况，监狱在"一切社会的司法和政治结构"中没有自身的源泉：这是使它依附于法律演变的错误，这种法律就是刑法。由于监狱管理惩罚，因此它拥有它需要的自治，又转而表现出超越国家机器的"惩戒补充"，甚至在惩戒补充为国家机器服务的时候。[2]总之，现代拓扑学符合福柯的功能主义。现代拓扑学不再把优先的社会地位确定为权力源泉，不能再接受点状局部化（这里存在

---

[1]《监视与惩罚》，第215—217页。
[2]《监视与惩罚》，第223、249、251页。

着社会空间概念，它与当今物理空间和数学空间概念一样新颖，犹如已谈到的连续性）。我们将看到，"局部的"具有两种完全不同的含义：权力是局部的，因为它从来不是整体的；但是，它又不是局部的或可局部化的，因为它是扩散的。

隶属公设（postulat de la subordination）表明，国家机器的具体化权力隶属于生产方式（mode de production），犹如隶属于经济基础。它无疑能够使一切重大的惩罚制度适应一些生产制度：惩戒机构尤其不能脱离 18 世纪的人口增长和试图提高生产率、构成力量、从身体内提取一切有用力量的生产发展。可是，很难看到"最终要求的"经济决定性，即使我们为上层建筑施以反作用力或作用力。这是全部经济学，例如车间或工厂，必须以这类权力机构为前提，权力机构已从内部影响身体和心灵，已在经济领域内部作用于生产力和生产关系。"权力关系，对于其他种种关系，不处于外部……（它们）不处于上层建筑……它们在此起着直接的生产作用。"[1] 功能的微观分析用严格的内在性代替马克思主义意象中还存在的金字塔现象，在此严格的内在性层面，权力中心和惩戒技术形成如此众多且相互连接的环节（家庭、学校、兵营、工厂，必要时还有监狱），群体中的所有个体都完完全全由此经过或延续。"这种"权力具有自身领域的内在性特征，而无超验性统一；具有自身路线的连续性特征，而无总体集中化，也具有自身节段的毗连性特征，而无明确的总体化；这就是连续空间。[2]

---

[1]《知识意志》，第 124 页。
[2]《监视与惩罚》，第 148 页（无疑，金字塔图形继续存在，但是离不开它一切表面的扩散和分散的功能）。

本质公设或属性公设（postulat de l'essence ou de l'attribut）表明，权力具有本质，并且是一种属性，这种属性证明权力拥有者（统治者）的资格，同时把权力拥有者从权力受动者（被统治者）中区别开来。权力没有本质，它具有操作性。它没有属性，而具有关系：权力关系是力量关系的总体，力量关系经过被统治力量不亚于经过统治力量，被统治力量和统治力量共同构成奇异性（奇点）。"权力包围着（被统治者），并且经过他们，以他们为基础，在与它的斗争中，一切和他们自身一样，反过来又以左右他们为基础。"在分析秘密逮捕令（lettres de cachet [1]）时，福柯指出，"国王的专横"不是像他超验权力的属性那样自上而下的，而是由最卑贱者、父母、邻居、同僚引起，他们想监禁低微的叛乱者，利用绝对的君主政体，如同利用内在的"公用事业"，以能解决家庭的、夫妻的、村间的或职业的矛盾。[2] 因此，秘密逮捕令在此表现为我们在精神病学上称作"自愿收容"（placement volontaire）的始祖。权力关系远远没有运用于全部领域或适当范围，而是位居各处，到处都存在细微奇异性和力量关系，例如，"邻里争执、父母与孩子口角、夫妇失和、酗酒与纵欲、当众争吵，以及许多秘密激情"。

---

[1] 历史上是指（命令监禁或放逐某人的）有法国国王封印的信、国王手谕。秘密逮捕令界定非常宽泛，正如居约（Joseph-Nicolas Guyot）在其《判例集》（*Répertoire universel et raisonné de jurisprudence civile*, *criminelle*, *canonique et bénéficiale*, Visse, Paris, 1785, t. X）中所示"国王命令书、国务秘书副签函与盖国王封印函"。Voir *Le Désordre des Familles. Lettres de Cachet des Archives de la Bastille*, présenté par Arlette Farge et Michel Foucault, Paris, Éditions Gallimard, Julliard, 1982, note 1.——译注

[2]《无耻人的生命》，第 22—26 页。

方式公设（postulat de la modalité）表明，权力通过暴力或意识形态发挥作用，它时而镇压，时而欺骗或使人们相信，时而治理，时而宣传。进一步讲，这种交替出现的权力在这里似乎不合情理（我们非常明白，它只存在于政党议会里：有时很可能在大厅或者甚至在街道发生暴力冲突；意识形态有时出现在议会论坛上；但是，组织问题和权力组织在旁边邻接的大厅里得到解决）。甚至权力以精神为支柱时，它不通过意识形态而产生影响；当它影响到人的身体时，不一定以暴力和镇压方式来行使。不，恰当地说，暴力很好地显示出施加于**某事物**（quelque chose）如对象或存在的力量作用。然而，它不体现权力关系，也就是说，**力量与力量间的关系**（rapport de la force avec la force），"对于行动的行动"[1]。力量关系是一种典型的"鼓动、挑起、组织……"的作用。在惩戒社会环境中，我们将指出：分散、分类、构成、标准化。这个表在每一环境中都是不确定的和变化无常的。权力在镇压之前"产生现实"，而且在意识形态化、抽象化掩蔽之前，产生真实。[2]《知识意志》将性欲作为优先事件看待，与此同时指出，如果我们限于词语和语句，而不是萃取支配性陈述，特别是运用于教堂、学校、医院的供认程序，以及同时寻找性欲真实性和性欲真理的供认程序，那么我们如何能够相

---

[1] 福柯原文，参见德赖弗斯和拉比诺：《米歇尔·福柯——哲学之路》，伽利玛出版社，第 313 页。该书中文版，参见《超越结构主义与解释学》，张建超、张静译，光明日报出版社，1992 年版；其英文原版为，Hubert Lederer Dreyfus and Paul Rabinow, *Michel Foucault: Beyond Structuralism and Hermeneutics*, The University of Chicago Press, 1982, Second Edition with an Afterword by and an Interview with Michel Foucault, The University of Chicago Press, 1983。——译注

[2]《监视与惩罚》，第 196 页。

信语言中有效的性压抑；进一步指出性压抑和意识形态如何什么也不说明，却总以它们所影响的装配或"装置"为条件，否则，便截然相反。福柯一点也不怀疑压抑和意识形态，但是如尼采已经看到的那样，它们没有构成力量的较量，而是较量卷起的尘埃。

合法公设（postulat de la légalité）表明，国家权力会体现在法律上，法律时而被设想为一种强加于蛮力的和平状态，时而被构思为一种最强者赢得的战争结果或斗争结果（但在这两种情形下，法律由被迫停战或自愿停战确立，与它以排斥方式规定的非法性相对立；革命者只能倚仗在夺得权力和建立另一种国家机器的过程中出现的另一种合法性）。福柯这本书最深刻的主题在于，以**违法行为—法律**（illégalisme-lois）的微妙关系代替法律—非法性的巨大对立。法律总是违法行为的构成品，它将违法行为形式化的同时对它们加以区分。只需仔细考虑商业社会的法律就够了，以便看清所有法律与非法性不是完全对立的，而一些法律明确组成翻转另一些法律的方法。法律是对违法行为的管理。法律准许一些违法行为使之成为可能，或者把它们构想为统治阶级的特权；它容许另一些违法行为，把它们作为对被统治阶级的补偿，或者甚至使它们为统治阶级服务；最后，它禁止和隔离违法行为，把它们作为对象和统治手段。因此，在 18 世纪，正是这些法律变化在实质上导致了违法行为的新布局，不仅因为犯法趋于发生质变，越来越以所有权为基础，而不以人为支柱，而且因为惩戒权力以另一种方式清晰地显示出这些犯法，并使它形式化，同时界定一种叫作"犯罪"（délinquance）的独特形式，这一形式使新的区分即新的违法行为控制成为可能。[1] 1789 年革命中一些人民反抗明显得到解释，因为旧制度容许或治理的违法行为是共和国政权所不可容忍的。但是，共和政体与西方君主政体共有的是，在假设原则上创设权力的**法律**实体（entité de la Loi），以显示出一致性司法表现："司法模式"包括策略图（carte stratégique）。[2] 但是，违法行为图（carte des illégalismes）在合法模式下继续起作用。福柯指出，法律和平状况也好，胜战结果也好，都不是法律：法律就是战争本身，现实的战争策略完全和权力一样，不是统治阶级夺得的所有权，而是其策略的实际运用。

总而言之，这好像是自马克思之后出现的某种新事物，好像是被打破的国家共谋关系。福柯不满足于指出，应当重新思考某些基本概念。他甚至没有指出这一点，但他做了并且建立了新的实践坐标。战斗与其局部战略和总体策略在深处发生隆隆声，局部战略和总体策略则不是通过总体化而进行的，而是通过中转、连接、集中、延续发生作用。重要的问题完完全全是，"怎么办"？我们赋予作为权力机器的国家以理论特权，这种理论特权以某种方式产生集中的执政党的实践观念，同时夺取国家政权；但是，相反的情形是权力理论所证明的政党的组织观念。福柯这部著作的宗旨是揭示另一种理论、另一种斗争实践和另一种策略

---

[1]《监视与惩罚》，第 84、278 页。1975 年 2 月 21 日《世界报》的访谈录写道："违法行为不是偶然事件和或多或少不可避免的缺陷……在很大程度上，我认为，法律不能制止这样或那样的行为，但能区别改变法律自身的各种方式。"

[2]《知识意志》，第 114—120 页、第 135 页。福柯从来没有推崇过"法治国家"（État de droit），依他看来，严守法规观念（conception légaliste）并不比镇压观念（conception répressive）有价值。况且，这是在这两种情况下的同一权力概念，在一种情况下，法律仅仅表现为欲望的外在反应，在另一种情形下，则表现为欲望的内在条件，参见《知识意志》，第 109 页。

组织。

前一本书是《知识考古学》。现在的《监视与惩罚》表现出何种变化呢？《知识考古学》不仅是一部沉思录或者一般方法论著，而且标示出了新的方向，仿佛一张新折页（nouveau pliage）一样影响他的前期著作。考古学指出了两种实践构成的区别，有的是"话语"或陈述，有的是"非话语"或环境。例如，18世纪末的临床医学是一种话语构成；它却如此适合于大众和人口，而大众和人口依赖于另一种构成并包含一些非话语环境，诸如"制度、政治事件、经济实践和经济过程"。当然，环境产生陈述，陈述也决定环境。无论如何，两种构成各不相同，尽管彼此寓含：不存在一致性和同构性，也不存在直接因果联系和象征性表示。[1] 因此，《知识考古学》起着连接作用：它有力地确定了两种形式之间的差别，但是，犹如它试图确定陈述形式一样，它仅限于把另一种形式否定地表示为"非话语"。

《监视与惩罚》跨出了新的一步。它讨论诸如监狱之类的某种"事物"：这既是环境构成 [formation de milieu（"监狱"环境）]，也是**内容形式**（forme de contenu，内容即囚徒）。可是，这种**事物或形式**不依赖表示监狱的"词语"（mot），更不依赖监狱作为所指的能指。事物或形式依赖完全不同的词语和概念，诸如犯罪或犯人，这类词语和概念表达一种陈述犯法、刑罚及其对象的新方式。我们把这种陈述构成（formation d'énoncés）叫作**表达形式**（forme d'expression）。不过，尽管这两种形式在18世纪

---

[1]《知识考古学》，第212—213页。

同时出现，还是那么不同。刑法发生变化，这一变化使刑法根据（不再根据复仇或君主复辟）社会防卫陈述犯罪和惩罚：符号，它向灵魂或精神叙述，建立犯法和惩罚（法典）之间的观念联合。可是，监狱是作用于身体的新形式，缘起于和刑法完全不同的境域："监狱，这种所有惩戒集中而严厉的外形，不是18世纪和19世纪转折点上确定的刑罚制度里的内在组成部分。"[1] 正是刑法在刑事上关涉可述者：这是一串语言，它对犯法进行分类和说明，并且进行量刑；这是陈述族，也是开端。监狱自身则与可见者有关：它不仅企图使罪行和罪犯成为看得见的对象，而且自身建构可见性，在成为用石头建成的外形之前，它是一束光，为"环视监狱"所决定，也就是说，由视觉装置和光线中心确定，监狱看守可以看到全部罪犯而不被其中任何人看见，所有罪犯时时刻刻都被看见，而罪犯们互不相见（塔楼居中，四周布满单人牢房）。[2] 一束光和一串语言不是同一形式，不具有相同的构成。我们更加清楚地看到，福柯在其前期著述中一直在研究这两种形式：在《临床医学的诞生》中，他称其为可见者和可述者；在《古典时代疯狂史》中，则是我们在收容所见到的疯狂，以及医学上陈述的非理性（这不是17世纪医院里治疗的病症）。《知识考古学》所认识到但还只是否定地指出的，比如非话语环境，在《监视与惩罚》中找到它的肯定形式，这一肯定形式贯穿于福柯的全部著作：可见者的形式，它与可述者的形式不同。例如，在19世纪初，在医学陈述获得新的可述者的同时（组织损伤和解剖

[1]《监视与惩罚》，第Ⅱ部分，第1章（关于改革的刑罚运动及其陈述）和第2章（监狱如何不是这一制度的部分且依赖别的模型）。

[2]《监视与惩罚》，第Ⅲ部分，第3章（"环视监狱"描述）。

学—生理学关联……），大众和人口成为可见的，出现在光天化日之下。[1]

当然，监狱作为内容形式，有自身的陈述、自身的规则。当然，刑法作为表达形式和犯罪陈述，有自身的内容：这只是一种新型犯法，与其说是攻击人身，不如说是侵害所有权。[2] 这两种形式不断发生联系，相互渗透，相互摆脱：刑法不断提供囚徒，并将他们押送进监狱，监狱却不断重复犯罪，使犯罪成为"对象"，实现刑法所另外构想的目标（保卫、囚犯变化、刑罚调整、个性）。[3] 这两种形式互为前提。但不存在共同形式，不存在相似性和一致性。正是在这一方面，《监视与惩罚》将提出《知识考古学》尚未能提出的两大问题，因为考古学还停留在知识层面和知识陈述的首位。一方面，在总体上和在形式之外是否存在着社会领域内在的共同原因呢？另一方面，这两种形式的配合和调整及其相互渗透以如何变化的方式在每一种具体情况下得到保障呢？

形式有两层含义：它构成或组织内容；它构成功能或确定其方向，确立其目标。监狱、医院、学校、兵营、工场都是已形成的内容。惩罚是已形式化的功能，治疗、教育、训练、强制劳动等也是已形式化的功能。应该承认，存在着一种一致性，尽管这两种形式是不可缩减的（其实，治疗与 17 世纪的收容所无关，18 世纪的刑法基本不涉及监狱），那么如何解释互相适应呢？我

---

[1]《监视与惩罚》，第 214 页。

[2]《监视与惩罚》，第 77—80 页（关于犯法的演变和变化）。

[3]《监视与惩罚》，第 IV 部分，第 1 章和第 2 章：监狱如何次要地必要存在，与刑法制度相关，以"产生"犯罪或构成"犯罪目的"（第 282 页）。

们能够构想纯粹内容和纯粹功能以及形成的抽象形式，内容和功能均体现在抽象形式之中。福柯在说明**环视主义**（Panoptisme）[1]时，有时具体地把它确定为视觉装置或者光线装置，这种装置显示出监狱的特征，有时抽象地把它确定为一台机器，这种机器不仅通常运用于可见的内容（工场、兵营、学校、医院和监狱），而且通常渗透于一切可陈述的功能。因此，**环视主义**（Panoptisme）的抽象方式不再是"看见而不被看见"，而是**将任何行为强加于人类的任何多样性**（imposer une conduite quelconque à une multiplicité humane quelconque）。我们只是明确地指出，受到重视的多样性应当被缩减，应当被纳入有限空间，强制行为通过空间分布、时间排列和连续、时空构成而产生……[2] 这是一个不确定的清单，它却总是涉及一些未形成的、未组织的内容与一些未形式化的、未确定方向的功能，这两种可变形式具有密切联系。怎样给这种新的非形式维度命名呢？福柯给它取了一个最贴切的名字：这就是"图表"（diagramme），也就是说"一切障碍或冲突的抽象功能……我们应当把它们与种种特殊用途区别开来。"[3] **图表**，不再是视听档案，而是与整个社会领域同外延的地图和地图绘制术。这是抽象的机器，它一方面为一些非形式的功能和内容所确定，一方面无视内容和表达、话语构成和非话语构

---

　　[1] 法语中，panoptisme 一词，也可译为环视论、全景敞视主义、全景敞视论、敞视主义。——译注

　　[2] 这些细节比《知识意志》发现另一种纯粹的内容—功能更加必要：任何多样性在开放空间都是为数众多的，功能不再严格规定行为，但"管理生命"。《知识意志》第 182—185 页分析比较了这两种形式；我们将回到这一点上。

　　[3]《监视与惩罚》，第 207 页（福柯在这方面明确指出，只要我们把环视监狱只看作"建筑学和光学体系"，它就只有贫乏的定义）。

成之间的一切形式差异。这是几乎无声而看不见的机器，虽然是它让人看见和言说。

如果存在着许多功能，甚至图表内容，那么这是因为所有图表都体现出时空多样性。但是，也是因为在历史中，存在着与社会领域等量的图表。福柯在引用图表概念时，它与我们现代惩戒社会相适合，权力正是在这一社会里对整个领域进行分区控制：倘若存在范例，那么就是"鼠疫"范例，这一范例对病城实行分区控制，扩展到最小的细节。可是，我们在考虑一切旧的君权社会时，会十分明白，它们不缺乏图表，尽管这是其他的内容和功能：在此也是一种**力量**（force）被运用于其他力量之上，但是，与其说是为了组织和解决争端，不如说是为了抽取；与其说是为了清晰显示细节，不如说是瓜分经费；与其说是分区控制，不如说是流放（这是"麻风"范例）[1]。这是另一个图表，这是另一台机器，更接近剧场而非工厂，即其他权力关系。进一步讲，我们构设一些中间图表，犹如那些从一个社会到另一个社会的通道：如同拿破仑图表那样，惩戒功能与君权功能在此相结合，"处于君权的君主制及仪式的操持与无定限惩戒的等级而持久的操持的连接点"[2]。因为这种图表是极不稳定或流动的，它不断搅和形成突变的内容与方式功能。归根结底，整个图表具有社会间性且处于变化之中。它从不为表现先存世界而发生作用，它产生一种新的现实类型，即一种新的真理模式（modèle de vérité）。它不是史学课题，也不凌驾于史学之上。它打乱先前的现实和意义，建立

---

[1] 关于这两种类型的比较，见《知识意志》第178—179 页；关于麻风和鼠疫的范例对比，见《监视与惩罚》第197—201 页。

[2]《监视与惩罚》，第219 页。

同样多的涌现或创造性的点、意外的结合、不可信的连续，与此同时，它凸显出历史。它随变化而重复历史。

整个社会有其自身的一份或多份图表。福柯关心的是作用于一些十分确定的系列，他从来没有直接对所谓的原始社会发生兴趣。原始社会仍然是一个优先的例子，几乎过于优先。既然原始社会远非没有政治、没有历史，它们便拥有联盟网络，而联盟网络并非由亲属关系结构推断出来，也不简化为家族间的交换关系。所有联盟都穿越各个地方性小团体，构成力量关系（赠予和反赠予），进而管控权力。图表在此显示出它与结构之间的差异，联盟构成灵活而横向的网络，与纵向结构垂直，确定有别于一切联合的实践、方法或策略，形成不稳定且永久失衡的物理结构，而非封闭式交换循环（这正是利奇[1]与列维–斯特劳斯[2]之间的论战，或者是布迪厄[3]的策略社会学）。我们将不由此认为，福柯的权力概念特别适用于它未谈论的原始社会；但他所讨论的现代社会转过来没有发展表示其力量关系或特殊策略的图表。实际上，总是要在所有居民小区（原始社会家族或现代社会制度）寻找不来自它们、反而构成它们的微观关系。当加布里埃尔·塔尔德[4]创立微观社会学时，他没有做其他事：他没有通过个体解释社会，却分析了居民小区，确定了极微关系，将"模仿"（imitation）视为信仰（croyance）流或欲望 [désir（量子）]

---

[1] 利奇（Edmund Leach, 1910—1989），英国人类学家。——译注

[2] 列维–斯特劳斯（Claude Lévi-Strauss, 1908—2009），法国人类学家、人种学家。——译注

[3] 布迪厄（Pierre Boudieu, 1930—2002），法国社会学家。——译注

[4] 加布里埃尔·塔尔德（Gabriel Tarde, 1843—1904）：法国社会学家。——译注

流的传播，将"发明"（invention）视为两大模仿流的汇合……这曾经是超越简单暴力的真实力量关系。

什么是图表呢？根据前面分析的特征，图表就是对构成权力的力量关系的表示。"环视监狱装置不仅仅是权力机构和功能之间的连接点和交换器，而是使功能中的权力关系和由权力引起的功能发生作用。"[1] 我们已经看到，力量关系或权力关系曾是微观物理的、策略的、多重点状的、扩散的，它们决定了奇异性，构成纯粹的功能。图表或抽象机器，这是力量关系地图，即密集而激烈的地图，它通过初级的、非区域化的关系而得到发展，时时刻刻穿过一切地点，"不，恰当地说，处于从一个地点到另一个地点的种种关系之中"[2]。当然，与超验性**观念**（Idée transcendante）没有任何关系，与意识形态超结构也没有关系；与已在物质里占有一席之地、在形式和运用中确定的经济下层结构更无关。同样，图表像内因一样发生作用，这一内因与整个社会领域不一致，却具有相同的外延：抽象机器犹如具体装配的原因，这些具体装配实现种种关系；这些力量关系"不穿越装配之上"，但进入它们所产生的装配的组织本身内部。

内因在这里是什么意思呢？就是在结果中现实化、融入结果中、在结果中分化的原因。不，确切地说，内因就是结果把原因现实化、融合和分化的原因。原因和结果、抽象机器和具体装配之间，也存在着关联和相互预先假设（福柯往往为具体装配保留"装置"这一名称）。如果结果使原因实现，那么因为力量关

[1]《监视与惩罚》，第 208 页。

[2]《知识意志》，第 122 页（"处处都是权力，这不是它包容一切，而是它来自各处"）。

系或权力关系只是潜在的、可能的、不稳定的、无限消减的、分子的，仅仅确定一些可能性和相互作用的或然性，只要它们不进入有能力的宏观整体之中，这一整体给权力关系的流动内容和扩散功能提供形式。现实化就是整体化，是逐渐整体化的总体，整体化过程先是区域化，然后是全体的或趋向于全体，与此同时，产生力量关系的排列、同质化、限令：法律如同违法行为的整体化。学校、工场、军队等的具体装配产生合符条件的物质整体化（儿童、劳动者、战士）与合目的性功能（教育等），直至国家，也以全球整体化为目的，除非这是万国市场。[1] 最后，现实化与整体化是一种分化：不是因为处于现实化中的原因是最高的统一，而是因为图表多样性不能成为现实，力量差别不能整体化，进入不同的道路，被分配到二元性之中，沿着分化路线发展，没有这些路线，一切就停留在没有实现的、四散的原因之中。在创造于其间分割的不同形式之时，成为现实者只有通过拆分或离解才能实现这一点。[2] 因此，在这里出现了阶级、或统治者—被统治者、公—私的巨大二重性。但是，进一步讲，**正是在此处，两种现实化形式相互排斥、相互区别**（c'est là que divergent ou se différencient deux formes d'actualisation），这两种形式是表达形式和内容形式、话语形式和非话语形式、可见者形式和可述者形式。准确地说，是因为内因无视内容里的形式，如同功能无视功能里的形式，它随着中心分化而成为现实，这一中心分化，一方

---

[1] 关于整体，特别是国家，不说明权力，但意味着它们限于继续和稳定的关系，参见《知识意志》，第122—124页，并见1984年6月30日《解放报》上福柯的文章。

[2] 权力关系作为"内在的分化条件"：《知识意志》，第124页。潜在的现实化总是一种分化，我们将在柏格森思想中找到这一被深入分析过的主题。

面形成可见内容，另一方面使可述功能形式化。在可见者与可述者之间，存在着张开和分离，但这种形式分离是地点，是福柯所讲的"非地点"，非形式图表在此堕入深渊，以体现在彼此必然不同、已分化、不可消除的两个向度上。因此，具体装配为缝隙所破裂，抽象机器随着缝隙而实现。

因此，这便是针对《监视与惩罚》所提两个问题的回答。一方面，形式或构成的二重性不排斥在非形式中发生作用的内在而普遍的原因。另一方面，在各种情况下和在各种具体装置中，这种预料的普遍原因将不断衡量这两种形式的要素或节段之间的混合、截夺、阻隔，虽然这两种形式不可消除并且是异形的。毫不夸大地说，整套装置就是一锅粥，把可见者和可述者搅和在一起："监狱系统在同一外形上拼合话语和建筑"，以及计划和机构。[1]《监视与惩罚》是一部福柯明确超越二元论的著作，他以前的著作都表现出明显的二元论（他的二元论已倾向于自我超越以走近多元论）。如果知识旨在交织可见者和可述者，权力则是知识的预设原因，但是，反而言之，权力包含作为分支（bifurcation）的知识，分支即区分（différenciation），没有区分，权力便不会行动起来。"没有知识领域的相关性结构，便不存在权力关系，也没有知识，也不存在不以权力关系为基础且不构成权力关系的知识。"[2]谬误即虚伪，在于相信知识只产生于力量关系中断的地方。不存在不借助于权力类型的真理模式，不存在不表达或不包含在行为中正在行使的权力的知识乃至科学。一切知识都从可见者过渡到可述者，反之亦然；然而，不存在总体性普

---

[1]《监视与惩罚》，第 276 页。
[2]《监视与惩罚》，第 32 页。

遍形式，甚至不存在相似性或一一对应的一致性。仅仅存在力量关系，这种力量关系横向地产生影响，在形式二元性中寻找到它自身作用和现实化的条件。如果存在互相适应的形式，那么这种适应来源于形式之间的"机缘"（只须这种机缘是强行获得的就够了），存在着相反的情形："机缘只证明它所建立起来的新的必然性。"因而，是监狱可见性与刑法陈述的机缘。

什么是福柯所称作的抽象机器或具体机器？（他将讨论"机器—监狱"，以及机器—学校、机器—医院……）[1] 具体机器就是装配即双形式装置；抽象机器就是非形式图表。简而言之，在成为技术之前，所有机器都是社会的。不，确切地说，早在有形技术存在之前便存在着人类技术。有形机器大概在整个社会领域显示出自身的作用；但是，为了它自身有可能存在，工具和有形机器应当首先由图表进行精选，为装置所承担。史学家常常遇到这种限制：所谓重型武器都用于军队装配；马镫为封建制度图表所精选；用以掘地的棍棒、锄和犁不构成线性进步，但分别诉诸集体机器，这些集体机器随着人口密度和休闲时间的变化而变化。[2] 对此，福柯指出枪支如何在机器装置里只作为工具而存在，"原则不再是机器装置的运动或静止的团块，而是可分可组节段的几何学"[3]。因此，工艺学在成为技术之前就具有社会性。"与高炉或蒸汽机相比，环视主义还不太有名……可是将惩戒手段和

---

［1］ 参见《监视与惩罚》，第 237 页。

［2］ 这是福柯与当代史学家的一种联系：关于用以掘地的棍棒……布罗代尔认为，"工具是结果，不再是原因"（《物质文明与资本主义》，第 I 卷，第 128 页）。关于重型武器，德蒂安纳（Marcel Detienne）认为，"可以说，技术内在于社会与精神"（《古希腊战争问题》，第 134 页）。

［3］《监视与惩罚》，第 165 页。

蒸汽机一类的发明加以对照，是没有根据的……惩戒手段要少得多，而在某种方式上又多得多。"[1] 如果严格意义上的技术用于一些装配，那么是因为装配及其技术为图表所精选：比如，监狱存在于君权社会的边缘（秘密逮捕令），一种新的图表即惩戒图表使监狱跨越"工艺门槛"时 [2]，监狱只作为装置而存在。

犹如抽象机器和具体装配构成两极一样，我们缓慢地从一极过渡到另一极。时而，装配被分配成森严而密集的节段，这些节段是由一些隔板、密封性和形式间断性分开（学校、军队、工场，或许监狱；从我们参军起，人们对我们说："你不用再上学了"……）。时而相反，装置在抽象机器里相互联系，抽象机器为装置提供灵活而扩散的微观节段，如同装配都彼此相似，监狱通过其他装配而扩展，像无形式的同一功能和连续功能的可变装配（学校、兵营、工场已成为监狱……）。[3] 如果我们不断从一极到另一极，那么是因为每一装配都实现抽象机器，但是在这种或那种程度上得以实现：这如同图表的实现系数（coefficients d'effectuation）一样，程度愈高，装配更加扩散到其他装配之中，完全符合整个社会领域。福柯方法自身在此获得最大灵活性。从一种装配到另一种装配，系数（coefficient）首先各有不同：比如，海军医院处于环路交叉口，在四方八面安设过滤器和交换器，控制各种流动，而流动形成海军医院的高阶会合处，即符合整个图表的医学空间。[4] 从一个社会领域到另一个社会领域，或

---

[1]《监视与惩罚》，第 226 页。

[2] 参见《监视与惩罚》，第 225 页。

[3] 基本文本，参见《监视与惩罚》，第 306 页。

[4]《监视与惩罚》，第 145—146 页（"医疗护理独立于一切其他控制系列：军队逃兵、税务商品、药物、配给物、失踪、痊愈、死亡、伪造等管理"）。

在同一社会领域，系数也因同一装配而发生变化。因此，监狱有三个发展阶段：在君权社会，监狱只存在于远离其他惩罚装配的地方，因为它只在低水平上实现君权图表；相反，它开始向四面八方传播，不仅达到刑法目的，而且渗透到其他装配，因为它高度满足惩戒图表的需要（它还应该克服来源于它以往角色的"坏名声"）；最后，如果惩戒社会在演变过程中找到实现其刑罚目标和在其整个范围执行图表的其他办法，那么没有把握让监狱保持这一高系数：在图表的适用范围，监狱改革主题将越来越萦绕着社会领域，说到底，会撤销其示范性监狱，使监狱恢复到局部的、有限的、分离的装配状态。[1] 一切都犹如监狱一样发生，即像浮沉子一样在惩戒图表的执行标度上升降。就像存在图表的生成与变化那样，存在着一部装配史。

这不仅仅是福柯方法的特色，也是他全部思想的重要结论。人们往往认为福柯曾经首先是一位探索监禁（enfermement）的思想家（《古典时代疯狂史》中的总收容所，《监视与惩罚》中的监狱）；然而，不是这么回事，并且这种误解有碍于我们理解他的总计划。例如，保罗·维里利奥 [2] 在强调现代社会问题 [即"管治"（police）问题] 不来自监禁，而源出开放空间的"道路网"（voirie）、速度或加速度、速度的掌握和控制、周围和分区控制时，认为他与福柯是相互对立的。不过，福柯从未谈论过不同于维里利奥的东西，如同两位作者著作中都一致对国家监狱要塞的分析或如福柯著作中的海军医院分析所指出的那样。这一误解在

---

[1] 关于刑罚改革潮流和监狱停止作为意义深长的形式的理由，参见《监视与惩罚》，第 312—313 页。

[2] 保罗·维里利奥（Paul Virilio, 1932—2018）：法国哲学家。——译注

维里利奥案例中并不严重，因为他自身方法的力量和独创性说明独立思想家之间的相遇总是发生在盲目领域。相反，更为严重的是那些不大有天赋的作者重新批评一切已成定论的东西，指责福柯止步于监禁，或者赞扬他如此出色地分析了这一形式。事实上，依福柯看来，监禁始终是来自初级功能又据情况而异的次要论据；这完全不同于 17 世纪收容所或疯人院监禁疯子和 18 世纪、19 世纪监狱监禁犯人。监禁疯子产生于"放逐"形式和麻疯患者模式；监禁犯人产生于"分区控制"形式和鼠疫患者模式。这种分析是福柯著述中最精彩的部分。但确切地说，放逐和分区控制首先是一些外在性功能，这些功能只是通过监禁装置被实现、形式化和组织起来的。作为冷酷的（监禁的）环节（节段），监狱依赖灵活多变的功能，依赖受控循环和整个网络系统，整个网络系统也贯穿自由环境并会习惯放弃监狱。这有点像卡夫卡作品中的"无限期拖延"（atermoiement illimité），无限期拖延不再需要逮捕和判决。正如莫里斯·布朗肖论述福柯时所言，监禁依赖外部，被监禁者是外部。[1] 装配正是在外部或通过排斥而进行监禁，监禁来自心理内在性，如同来自物理监禁一样。福柯常常援引话语形式和非话语形式；但这些形式什么也不监禁，也不使什么内在化；这是一些"外在性形式"，通过外在性形式，一会儿是陈述**分散**（se dispersent），一会儿是可见者**分散**（se dispersent）。这是一般方法问题：不从表面的外在性过渡到基本的"内在性核心"，而必须消除虚幻的内在性，以将词与物归给其构成性外在性（extériorité constitutive）。[2]

　　甚至应当区分好几种互相关联的部分，至少有三部分。首

---

[1] 布朗肖：《无限的对谈》，伽利玛出版社，第 292 页。
[2] 关于历史和"系统的外在性形式"，参见《知识考古学》，第 158—161 页。

先，存在着作为力量的非形式要素的**外部**（le dehors）：力量都来自外部，都取决于外部，外部搅和力量关系，构成其图表。其次，存在作为具体装配中心的**外部世界**（l'extérieur），力量关系在这一中心形成。最后，存在**外在性形式**（les forms d'extériorité），既然现实化产生于两种相互分化和外在形式的分裂与分离之中，这两种形式共享所有装配（监禁和内在化只是这两种形式表面的过渡性外形）。我们以后将试图分析这一总体，就如同它出现在"外部思想"中那样。但是，福柯当然已经解释，实际上什么都不封闭。形式史即档案，同时是力量生成，即图表。这是因为力量出现在"从一地到另一地的种种关系之中"：图表是一张地图，不，恰当地说是地图叠合。从一张图表到另一张图表，新的地图被绘制出来。在图表所连接的各点左右，图表是不存在的，这个图表不包含相对自由或纤细的点，即创造性、突变、反抗的点；也许正是应该从这些点出发来理解整体。正是从每个时代的"斗争"和斗争风格为出发点，我们能够理解图表的系统或者其超越间断性的重新连接。[1] 既然每一图表都证明梅尔维尔[2] 谈论的**外部线条**（la ligne du dehors）弯曲的方式，无始无终，海岸线贯通所有反抗点，并且总是根据最新情况使图表滚动和互相碰撞。1968 年这条千差万错的线，是多么奇怪的线扭！因此，写作有三重界定：写作是斗争、反抗；写作是生成；写作是绘制地图，"我是一名地图绘制者……"[3]

---

[1]《监视与惩罚》，突然在"战斗的隆隆声"的祈求之上打住（"这本书到此打住……"，第 315 页）。恰恰是《知识意志》使这一主题摆脱"反抗点"（第 126—127 页），下面分析斗争类型的文本与图表有关（参见德赖弗斯和拉比诺《米歇尔·福柯——哲学之路》，第 301—304 页）。

[2] 梅尔维尔（Herman Melville，1819—1891）：美国小说家。——译注
[3]《文学新闻》（1975 年 3 月 17 日）所载访谈录。

下篇

拓扑学：“别样地思考”

历史积层或历史构成：
可见者与可述者（知识）

积层是历史构成、实证性或经验性。"沉积层"产生于物与词、看与说、可见者与可说者、可见性场地与易读性领域、内容与表达之间。我们从叶尔姆斯列夫[1]那里借用了这些术语，但将它们用于福柯时完全是另一种含义，既然内容不再与所指混同，表达也不再与能指混同。关键在于有了十分严格而崭新的分类。内容具有形式和实体：例如监狱，被监禁在其中的是囚犯（谁？为什么？怎么样？）。[2]表达也具有形式和实体：例如刑法和作为陈述对象的"犯罪"。正如作为表达形式的刑法确定为易读性领域（犯罪陈述），监狱作为内容形式，确定可见性场地（"环视

---

[1] 叶尔姆斯列夫（Louis Hjelmslev，1899—1965）：丹麦语言学家。——译注
[2] "形式—监狱"与表达形式是同时的（如同刑法），关于这两种形式之间的差别，参见《监视与惩罚》，第233页。

主义"，也就是说，这是人们时刻可以看到一切而不被看见的地方）。这个例子借助于福柯在《监视与惩罚》中所进行的最新的重要积层分析。但是这种分析早已出现在《古典时代疯狂史》一书之中：在古典时代，疯人院是作为疯狂的可见性场所出现的，与此同时，医学提出了关于"非理性"的基本陈述。在这两本书之间，有《雷蒙·鲁塞尔》和《临床医学的诞生》，它们是福柯同时完成的著作。前者指出鲁塞尔[1]作品如何分成两个部分：按照奇异机器而出现的可见性发明，按照特殊"手段"而产生的陈述作品。后者指明，在另一个完全不同的领域，临床医学和病理解剖学引起"可见者与可述者"之间的可变性分布。

一个"时代"不先于解释它的陈述而存在，也不先于占据它的可见性而存在。这是两个基本方面：一方面，每一积层即历史构成包含产生于自身的可见者和可述者的分布；另一方面，从一个积层到另一个积层，存在着分布的差异，因为原来的可见性改变着方式，陈述自身改变着规则。例如，"在古典时代"，疯人院作为新的看见并使疯子被看见的方式而出现，这种方式与中世纪和文艺复兴时代的方式迥异；处于其旁门左道的医学、法学、规章、文学等，创立陈述规则，陈述规则涉及作为新概念出现的非理性。如果17世纪的陈述把疯狂作为非理性（关键概念）的极端，把疯人院或拘禁作为整体中的外壳，总体把疯子和流浪者、穷汉、无所事事者、形形色色腐化堕落者结合起来：这里存在着"澄明"，历史感觉或敏感性，与话语规则一样。[2]后来，在其他

---

[1] 鲁塞尔（Raymond Roussel，1877—1933）：法国作家。——译注

[2] 关于17世纪收容所的"澄明"，如同包含随后消失的"社会敏感性"，参见《古典时代疯狂史》，第66页。同样，关于"监狱的澄明"，参见《监视与惩罚》，第234页。

条件下，监狱将会作为看见罪犯和使罪犯被看见的新方式，犯罪成了新的叙述方法。叙述方法和看见方式是话语性和澄明，每一积层都产生于这两种方式或方法的结合之中，从一个积层到另一个积层，存在着两者及其结合的变化。福柯从史学中所期待的是每个时代的可见者和可述者的规定性。这种规定性超越行为和心理、思想，因为是它使行为和心理、思想成为可能。但是，因为福柯善于创造崭新的、重新推动史学的严格的哲学追问方法，史学大概只与新的史学家概念有关。

这正是《知识考古学》要得到的方法论结论，将使积层两大要素成为普遍理论：可述者和可见者、话语构成与非话语构成、表达形式与内容形式。这部著作却似乎赋予陈述以根本的优先性。可见性场地只以否定方式被指出，"非话语构成"被置于仅与陈述领域互补的空间。福柯认为，在话语陈述与非话语陈述之间，存在某些话语关系。但他从不认为，非话语可被简化还原为陈述，它是余渣或幻觉。优先性问题是基本的：陈述具有优先性，我们将明白为什么。可是，优先性从不意味着简化还原。在福柯的著作中从头到尾，所有可见性都不会被还原为陈述，因为它们似乎形成一种就陈述活动而言的激情，更加不可还原。《临床医学的诞生》的副标题，曾经是"凝视考古学"。如果我们不追问为什么和何种理由，那么只说福柯弃用这个副标题，如同他总是在修订自己以前著作一样，是不够的。不过，弃用的理由显然是优先性。福柯越来越估计到，他以前的著作不足以指明看见方式或领会方式的陈述规则的优先性，这是他反现象学的表现。然而，相反，对他来说，陈述优先性将从不会阻挡可见者历史的不可还原性。陈述只具有优先性，因为可见者有其特有的规则和自治，自治把可见者和支配者、陈述的自治联系起来。这是因为可述者具有优先性，可见者使自身的特有形式与可述者截然不同，可见者的特有形式任人决定，而不任人简化还原。在福柯那里，可见性场所与陈述领域绝对不会具有相同的节奏、相同的历史、相同的形式，陈述的优先性只有在陈述领域才有价值，因为它表现在某种不可还原的事物上。人们遗忘可见性理论，歪曲了福柯的历史观念，也歪曲了他的思想，即产生于思想的观念。人们使之成为流行分析哲学的变种，他和这一分析哲学的变种都无足轻重（也许他与维特根斯坦[1]的关系除外，如果我们将可见者与可述者的最初关系同维特根斯坦分开的话）。福柯总是被他所见迷住，如同被他所闻或所读迷住一样，他所创立的考古学是**视听**（audio-visuelle）档案（从科学史开始）。福柯只有一种陈述和发现其他陈述的快乐，因为他也有看见的激情：先于一切而确定陈述自身的是声音，还有目光。目光和声音确定陈述。福柯总是一位看者，并且建立起关于新的陈述风格的哲学，在不同步调和双重节奏上建立起这两者。

被积层者不是随后出现的知识的间接对象，但直接建构知识：直观教学课和语法课程。确切地说，因为考古学不一定借助于过去。这就是为什么积层是考古学的事情。存在着一种关于现在的考古学（une archéologie du présent）。无论现在，还是过去，可见者都如同可述者：可见者与可述者不是现象学的对象，而是认识论的对象。针对《古典时代疯狂史》，福柯所提醒的仍然是以现象学方式引用实际的野性经验，或以巴什拉方式援

---

[1] 维特根斯坦（Ludwig Wittgenstein，1889—1951）：英籍奥地利哲学家。——译注

用永恒的想象价值。但实际上，在知识之前，什么也不存在，因为知识，像福柯使它成为新概念那样，为每一积层、每一历史构成的可见者与可述者特有的结合所确定。知识是一种实践装配，一种陈述和可见性"装置"。因此，在知识之下，什么也没有（虽然在知识之外存在一些事物，我们将会看到它们）。这就是认为，知识只根据千变万化的"开端"而存在，这些开端标明了同样多的受到关注的成层的薄层纹、劈理和方向。对此，谈论"认识论化开端"，是不够的：这一开端已在引向科学的方向上被定位，还贯穿于特有的"科学性"开端，或许贯穿于"形式化开端"。但是，其他开端被别样定位，存在于积层上：伦理化、审美化、政治化开端，等等。[1] 知识不是科学，与其所容纳的这样或那样的开端不可分割：甚至感觉经验、想象物价值、时代思想或流行观点的论据。知识是积层单位：积层单位分散在不同开端，原先的积层只作为不同方向的开端堆积而存在，而科学是其中一个方向。仅仅存在一些知识构成的实践或实证性：陈述的话语实践和可见性非话语实践。但是，这些实践总是存在于考古学开端之下，游移不定的分布是种种积层之间的考古学开端的历史差异。这就是福柯的实证主义（positivisme）或实用主义（pragmatisme）；他从来没有涉及科学与文学的关系、想象物与科学的关系，或者知与真的关系问题，因为知识概念浸润和动用一切开端，并使这些开端成为作为历史构成的成层的变项。

的确，物与词是表示知识两极的相当模糊的字眼，福柯后来

---

[1]《知识考古学》，第236—255页。

认为，《词与物》的标题应当作讽刺性理解。考古学的任务，首先是发现真正的表达形式，不论语言学单位如何，这一表达形式都不可与其中任何一个语言学单位如能指、词语、语句、命题、语言行为混同。福柯尤其指责能指，"话语在其现实中被消除，置于能指秩序中"[1]。我们已经明白，福柯如何在"陈述"这一十分新颖的概念里发现了表达形式，如同与不同单位相互交叉的功能一样，同时勾绘出一个对角线，就音乐和能指系统而言，这个对角线更接近音乐。因此，应当剖开和拆开词语、语句或命题，以便从中萃取出陈述，如同雷蒙·鲁塞尔所为并建立自己的"方法"一样。但是类似的操作，对内容形式来说，是必要的；这里的内容不再是所指，表达不再是能指。这也不是事态和词语所指的对象。可见性不同于那些视觉要素或者更一般意义上的感性、性质、事物、对象，以及对象复合体。在这一点上，福柯建立了一种功能，这一功能与陈述功能一样新颖。应当剖开事物，将它们打碎。可见性不是对象形式，甚至不是在光线和事物影响下出现的形式，而是光线本身创造出来的明亮形式，这种形式只让作为闪电、闪烁、闪光的事物或对象继续存在。[2] 这就是福柯在雷蒙·鲁塞尔作品中点明的第二个方面，或者也许是他在马奈 [3] 作品里也力图指出的第二个方面。但是，如果我们觉得陈述概念产生于音乐启示，就韦伯恩和语言学家来说，陈述概念更接近于韦伯恩，可见者概念如同绘画，与德劳内 [4] 接近，对德劳内来

---

[1] 《话语秩序》，第 51 页。

[2] 《雷蒙·鲁塞尔》，第 140—141 页。

[3] 马奈（Édouard Manet，1832—1883）：法国画家。——译注

[4] 德劳内（Robert Delaunay，1885—1941）：法国抽象派画家。——译注

说，光线曾是一种形式，它创造了自身的形式和运动。德劳内曾经说道，塞尚[1]打碎了高脚盘，我们却不必像立体派画家所为那样努力对其进行粘补。**打开**（ouvrir）词语、语句和命题，**打开**（ouvrir）性质、事物和对象：考古学肩负着双重任务，像鲁塞尔之举一样。应该从词语和语言中萃取出与每一积层及其开端相符合的陈述，更要从事物和景色中提炼出每一积层特有的可见性和"澄明"。

这些萃取为什么必要呢？我们从陈述出发：陈述从来不被隐藏，但不是直接易读甚或可言说的。我们可以相信，陈述常被隐藏起来，因为它们是掩饰、压抑甚或克制的对象。但是，这种相信除了意味着错误的**权力**概念（conception du Pouvoir）之外，还没有什么价值，要是我们停留于词语、语句和命题之上的话。这就是福柯从《知识意志》的开头起论述性欲时所指出的：我们相信整个词汇表遭禁，在维多利亚时代，语句变质，语言精练，虽然性欲被建构为基本的秘密，直到弗洛伊德[2]突如其来，这一基本秘密只被胆大而受诅咒的违反者泄露……然而，不是这么回事，并且，积层或历史构成决定性欲陈述的条件、规则、场所、时机、交谈者（精神分析学在它们之中加油添醋），与此同时，它们从来没有如此大量地充斥性欲陈述。如果人们没注意到性话语的层出不穷，就未曾好好理解自特兰托天主教宗教评议会以来的教堂作用。"在人们想到要净化的语言幌子之下，为了它不再直接被命名，性担当责任，犹如它被拒绝沉默和暂止的话语追逐……与现代社会相适应的，不是现代社会使性居于暗处，而是

---

[1]　塞尚（Paul Cézanne，1839—1906）：法国画家。——译注
[2]　弗洛伊德（Sigmund Freud，1856—1939）：奥地利精神分析学家。——译注

它们始终专门谈论性并使它具有秘密般的价值。"简言之，如果人们确实仅仅达不到陈述的采掘条件，陈述便隐蔽着，相反，人们一达到条件，陈述就在彼处，并且言说了一切。它同样是政治陈述：在外交、立法、管理、政体方面，政治什么也没有掩盖，虽然每一陈述规则都必须以交织词语、语句和命题的某种方式为条件。就算如此难，只需会阅读就够了。秘密只因被泄漏和自露马脚而存在。每个时代都完美地陈述其政治最玩世不恭的一面，如同完美陈述其性欲最粗俗露骨的一面，以致违犯的价值微不足道。每个时代根据其陈述条件都言说它能言说的一切。自《古典时代疯狂史》以来，福柯分析了"博爱者"（philanthrope，慈善家）的话语，博爱者把疯子从他们的枷锁中解放出来，不掩盖给他们备就的其他更有效的锁链。[1] 在每一时代，一切都总是被言说，这也许是福柯最重要的历史原则：在幕后什么也看不见，但更重要的是要时时刻刻描述这块幕布或柱脚，因为在幕后或幕下什么也不存在。人们提出反对意见说存在着隐蔽的陈述，这仅仅是按照规则或条件观察存在着变幻不定的说话者和听话者。但是，说话者和听话者是其他说话者和听话者中间的陈述变项，严格依赖于确定作为功能的陈述自身的条件。总之，陈述只有与其条件相结合才是易读或可说的，这些条件使陈述成为这样的现象，并且处于"陈述柱脚"之上，建立独一无二的铭文（我们已

---

[1] 关于图克（Daniel Tuke）和皮内尔（Philippe Pinel）的疯子的"解放"，参见《古典时代疯狂史》，"疯人院的诞生"：重要的是使疯子服从"凝视"和永久的"判断"（可见性与陈述）。同样，关于18世纪刑罚的"人道化"，参见《监视与惩罚》，"普及惩罚"。关于取消死刑的倾向，参见《知识意志》，第181页：关键在于使惩罚适应权力，权力一般不再企图对死刑起决定作用，而是"管理和控制"生命。

经看到，不存在两种铭文：明显的铭文和隐藏的铭文）。这种独一无二的铭文，即表达形式，产生于陈述及其条件（柱脚或幕布）。福柯的兴趣在于陈述舞台或者可述者的雕塑，是"纪念物"而非"文献"。

　　陈述或话语构成的最一般条件是什么呢？福柯的回答是因为它预先清除陈述主项而显得更加重要。主项是一个变项，不，确切地说，是陈述的变项集合。这是从原函项或陈述自我派生出来的函项。《知识考古学》分析了这一函项—主项（fonction-sujet，函项—主体）：主项是随着陈述类型和陈述开端而多变的位置和身份，"作者"自身只是某种情形下的一种可能身份。同一陈述甚至会有多重身份。因而首要的是，**人们说**（ON PARLE），即匿名低语声，某些可能主项的位置（emplacements）在其中得到安排："话语的连续而混杂的嗡嗡巨响"。福柯多次援引巨大低语声，他希望自己置身于这种低语声之中。[1] 福柯反对使语言开端的三种方式：要么以人称为开端，即使这是语言学人称或连接器 [如语言人称学，即"我说"（je parle），福柯不断以作为非人称的第三人称前存在反对它]；要么以作为内在结构或首要方向的能指为开端，语言依赖这种结构或方向 [如语言结构主义所论"这个说"（ça parle），福柯以确定的陈述的汇编或一定总体的前存在反对它]；要么以原始经验同世界的原始共谋关系为开端，世界为我们建立了谈论经验的可能性并且使可见者成为可述者的基础 [如现象学所论 **"世界说"**（le Monde parle）]，仿佛可见事物

----

[1] 关于陈述主项（le sujet de l'énoncé，也可译为"陈述主语""陈述主体"），参见《知识考古学》，第 121—126 页。关于巨大低语声（le grand murmure），参见《话语秩序》开头与《何谓作者？》结尾。

已经悄悄说出只需我们的语言揭示的某种意义，或者，仿佛语言依靠富有表现力的沉默，福柯以看与说之间的本质差异反对这一沉默）。[1]

语言完全是给定的，或者根本不是给定的。到底什么是陈述条件？其条件就是"有语言"（il y a du langage），"语言的存在"（l'être du langage）或存在—语言（l'être-langage），换言之，产生语言的维度，这一维度不与它所依赖的任何方向相混同。"忽视它表示、命名、显示、产生、成为意义场所或真理场所且相反停留于决定其特殊而有限存在的当时（固定且出现在能指和所指的游戏之中）的权力。"[2]但确切地说，是什么给福柯这一论断赋予了具体意义？是什么阻碍了这一论断突然转向现象学方向或语言学方向的一般性？是什么允许他援用特殊而有限的存在？福柯接近分布语言学，并且，按照《知识考古学》的要求，他总是从出现在一个时代那确定而有限的汇编（构成汇编的言语和作品、语句和命题，尽管如此不同）出发，又力图使陈述"规则性"从中摆脱出来。因此，条件自身是历史的，先天性是历史的：巨大低语声，换句话说是存在—语言或者"有"语言，在每一历史构成中，它们各不相同，就匿名存在而言，它仍然是特殊的，是我们不能从这种或那种方式中分离出来的"谜一般的、不稳定的存在"。每个时代根据其汇编都有自身蓄聚语言的方式。例如，如果古典时代的语言存在完全出现在表现之中，并且设计出

[1] 关于这三个主题的线条，参见《话语秩序》，第48—51页。

[2]《知识考古学》，第145—148页：这是关于"有语言"的基本片段，我们将《词与物》（关于"语言的存在"，参见第316—318页、第395—397页；以及第57—59页）的整个结尾与这个片段结合起来。

表现的分区控制，那么在 19 世纪，它反而跳出了表现功能，哪怕失去其蓄聚统一性，但这是为了在别处和在另一种方式上，在作为新功能的文学里重新找到这种蓄聚统一性。（"人在过去已经是语言存在的两种方式之间的一种形象"……）[1] 因此，语言的历史存在从来不把人蓄聚于创始的、先天的或只是中介的内在性意识之中；相反，它建立了外在性形式，在此，被考虑的汇编陈述四处呈现和广泛传播。这是一种分配统一性。"实证性的先天性不仅仅是短暂的分散系统，而且它自身是一个可变的整体。"[2]

关于陈述及其条件，我们刚刚谈论的一切，应该就可见性也加以论述。因为可见性从来不被掩盖，所以它们不是即刻被看到的和可见的。只要我们停留在对象、事物或感觉性质层面，可见性甚至是不可见的，达不到向对象、事物或感觉开放的条件。如果事物再次合拢，那么可见性变得隐隐约约或者模糊不清，以致"澄明"在另一个时代变得难以把握：古典时代在同一场所汇集了疯子、流浪汉、失业者，"依我们看来，这仅仅是未区分的感受性，曾经必定是古典人明确肯定的知觉。"可是，与可见性相关的条件不是看见主体的方式：看的主体自身是可见性中的地位和从可见性中派生出来的功能（如同古典表现中的国王地位，或者监狱制度中的任何观察者地位）。那时应当引用虚构价值或感觉性质作用吗？虚构价值引导感觉，感觉性质作用建立"感觉主体"。这是建立可见者条件的生气勃勃的

---

[1]《词与物》，第 313—318 页（关于作为语言蓄聚的现代文学功能，参见《词与物》，第 59、313 页，《无耻人的生命》，第 28—29 页）。
[2]《知识考古学》，第 168 页。

图像或性质，福柯在《古典时代疯狂史》中不时以巴什拉方式表达了自己的思想。[1] 然而，他很快找到另一种解决办法。例如，倘若建筑物是一些可见性和一些可见性场所，是因为它们不仅仅是一些石头外形，也就是说是一些物质装配和性质组合，而且首先是一些光线形式，这些光线形式分配明与暗、昏暗与透明、所见者与未所见者，等等。在一些著名片段中，《词与物》把委拉斯开兹 [2] 的绘画《宫娥》描述成一束打开了古典表现空间的光线，并在这一空间分配被看见者和看见者、交换和映像，直到只能被归纳成绘画外部的国王位置（难道完全不是另一束被毁掉的论马奈的手稿所描述的光线吗？这束光线与另一种镜子的使用和映像的分配结合在一起）。在福柯那里，《监视与惩罚》把"环视监狱"（Panoptique）这种监狱建筑物描述成一种光线形式，光线形式环绕着四周的单人牢房，使中心塔变得昏暗漆黑，分配那些被看见而无法观看的囚犯，也分配任何看见一切而不被看见的观察者。正如陈述与规则不可分离一样，可见性与机器不可分。并非整部机器都是光亮的；但这是装置和功能的结合，这一结合使人看见某物，显现和突出某物（机器—监狱或者鲁塞尔机器）。《雷蒙·鲁塞尔》已经提出了最一般的方式：原始光线打开了事物，使可见性作为闪电、闪烁和"次要光线"而出现。[3] 如果医学的每一历史构成都根据具体情况调整原始光线，并在使症状闪现出来时建立疾病的可见性

[1] 尤其要参见《古典时代疯狂史》中"疯狂外形"一章，在这一章引用了"性质世界的半感觉、半虚构的规则。"

[2] 委拉斯开兹（据西班牙语又译贝拉斯克斯，Diego Vélasquez，1599—1660）：西班牙画家。——译注

[3]《雷蒙·鲁塞尔》，第 140 页。

空间，这种可见性空间时而犹如临床医学，向两个维度展开皱层，时而犹如病理解剖学，根据第三个维度展开皱层，这第三个维度使目光恢复深邃，使疾病重获体积（疾病犹如活体的"尸体剖检"），那么，《临床医学的诞生》可以加上副标题"凝视考古学"。

因此，存在一种光线的"有"，即一种光线的存在或一种存在—光线，一切都如同存在—语言那样。每一存在都是绝对的，却也是历史的，因为它们都与落在构成和汇编上的方式不可分离。其中一个使可见性成为可见或可感知的，如同另一个使陈述成为可述、可说或易读的一样。因而，可见性不是能看主体的行为，也不是可见感官的材料（福柯告知弃用"凝视考古学"这一副标题）。和可见者不被归结为明显的事物或性质一样，存在—光线不归结为一个物理环境：福柯更接近歌德 [1]，而不是牛顿 [2]。存在—光线是严格不可分的条件，是唯一能把可见性和目力联系起来的先天性，同时每次都根据一些可见的组合自身把可见性与其他方面结合起来：例如，可触知者是一个可见者掩蔽另一个可见者的方式。《临床医学的诞生》所揭示的是"绝对凝视""潜在可见性""凝视之外的可见性"，这种外在于凝视的可见性决定了一切感觉经验，没有集中其他感觉领域如听觉和触觉，就没有集中目力。[3] 可见性不为目力所定，却是行为与激情、作用

---

[1]　歌德（Johann Wolfgang von Goethe，1749—1832）：德国文学家。——译注
[2]　牛顿（Issac Newton，1643—1727）：英国科学家。——译注
[3]《临床医学的诞生》，第 167 页〔科维萨尔（Baron Jean Corvisart）听出不好的心脏时，拉埃内克（René-Théophile-Hyacinthe Laënnec）听到颤抖的尖嗓子，这是肥大症，这是他们发现的积液症，从凝视出发，积液症悄悄纠缠着他们的听觉，而在听觉之外，它刺激听觉〕。

与反作用的复合，是触及光线的多种感觉的复合。恰如马格利特 [1] 给福柯的信中所说，看者和显然被描述者，是思想。那么应该使福柯所论述的原始光线更接近海德格尔 [2] 和梅洛-庞蒂 [3] 所分析的澄明 [4]，自由或开放只次要地指向目力吗？撇开两种差异：一是福柯所论存在—光线与这种或那种方式不可分，为了成为先天性，存在—光线仍然是史学的和认识论的，而不是现象学的；另一方面，存在—光线不如向目力开放那样完全向言语开放，因为言语作为陈述在存在—语言及其历史形式中找到了完全不同的开放条件。我们能达成共识的是，每一历史构成皆根据其可见性条件看到或使人看到它所能做的一切，如同根据其陈述条件言说它所能做的一切。从来不存在什么秘密，尽管没有什么是立即可见的，也不是直接易读的。从双方看，一切条件都不汇集于意识或主体的内在性之中，和它们不构成**同一**（Même）那样：这是两种外在性形式，在这两种形式中，陈述在此地分布和散播，可见性则在彼地分布和散播。语言"包含"词语、语句和命题，但不包含根据不可消除的距离而进行散播的陈述。陈述按照其开端和语族进行散播。对包含对象的光线而言也一样，但对可见性来说则不然。我们完全明白，以为福柯对诸如此类的监禁环境感兴趣，那就大错特错了：医院和监狱首先是外在性形式里分散的可见性场所，同时求助于外在功能，搁置一边，实行分区控制……

---

［1］ 马格利特（René Magritte，1898—1967）：比利时画家。——译注
［2］ 海德格尔（Martin Heidegger，1889—1976）：德国哲学家。——译注
［3］ 梅洛-庞蒂 Maurice Merleau-Ponty（1908—1961）：法国哲学家。——译注
［4］ 原文为德文 Lichtung。——译注

这不是一部精神史，也不是一部行为史。说与看，不，恰当地说，陈述与可见性是纯粹**要素**（Éléments purs）和先天条件（conditions a priori），在先天条件下，一切观念都在某一时刻表达出来，一切行为也统统表现出来。这一条件探索是一种适宜于福柯的新康德主义。但是与康德之间存在着本质差别：条件是现实经验条件，而不是一切可能经验的条件（比如，陈述必以一定汇编为前提）；条件来自"对象"和历史构成，而不来自普遍主体（先天性本身具有历史性）；一些条件和另一些条件一样是一些外在性条件。[1] 但是，如果存在新康德主义，那么是因为可见性及其条件共同形成**感受性**（Réceptivité），并且陈述及其条件形成**自发性**（Spontanéité）。这就是语言的自发性和光线的感受性。因此，把易于感受和消极等同起来，把自发和积极等同起来，都是不行的。易于感受不是消极之意，因为在光线使人看见的东西里，行为和激情一样多。自发不是积极之意，却是表现在易于感受的形式之上的**"他者"**（Autre）的能动性。这种自发早已存在于康德哲学中，在康德著作中，我思的自发性表现在易于感受的存在方面，这种易于感受的存在把自发性必然表现为他者。[2] 这就是福柯所论及的知性自发性，我思给语言自发性让出了一条道（语言的"存在"），然而，直觉感受性给光线感受性也让出了一条路（新的时空形式）。如果存在可见者陈述的优先性，那么从

---

[1]《词与物》，第 257 页；《知识考古学》，第 167 页（关于"外在性形式"，参见第 158—161 页）。

[2]《纯粹理性批判》第一版把"良心的反常现象"称作他者，尤其是第 136 页，法国大学出版社。

那时起就很容易被解释：《知识考古学》能起到作为话语构成的陈述的**决定性**（déterminant）作用。但可见性同样不可消除，因为它们依赖**可决定者**（déterminable）的形式，它绝不可被归结为决定性形式。这曾是康德和笛卡尔之间的大断裂：决定性形式（我思）不以被决定者（我在）为支撑，而以纯粹的可决定者形式（时空）为基底。问题是这两种性质不同的形式或条件的互相适应的问题。这是我们在福柯那里发现的变化了的问题：两种"存在"的关系、光线和语言的关系、可决定的可见性和决定性陈述的关系。

一开始，福柯的一个基本论题就是：内容形式与表达形式之间、可见者与可述者之间的本质差异（尽管可见者与可述者相互寓含并不断相互渗透以构成第一积层或每种知识）。也许这是一个方面，即福柯与布朗肖相遇时的第一个方面："说不是看"。但是，当布朗肖强调言说作为决定者的优先性时，尽管表象过于迅捷，福柯仍然维持看（voir）的特异性，即可见者作为可决定者的不可还原性。[1] 这两者之间，虽然存在互逆前提和陈述优先性，但不存在同构和相似。甚至《知识考古学》一书也强调这一优先性，指出：既没有从一个到另一个的因果性，又没有这两者之间的象征性；如果陈述有对象，那么这是适宜于它的话语对象，话

----

[1] 参见布朗肖：《无限的对谈》，伽利玛出版社，"说不是看"。说与看是出现在他整部著作中的论题，"说不是看"则是布朗肖最关键的文本。也许，该文本在关涉"看"或视觉影像上占据特殊地位（第42页；同样，《文学空间》，第266—277页）。正如布朗肖本人所言，但这一地位含糊不清，因为他确认说不是看，而不是转过来只提出看不是说。而在某种意义上，布朗肖始终是笛卡尔主义者：他要联系（或不联系）的是决定和纯粹非决定者。福柯则更是康德主义者：关系或非关系处于决定和可决定者这两种形式之间。

语对象与可见对象不是同构的。的确，我们总是可以**渴望得到**同构（isomorphisme）：要么是认识论梦想，正如临床医学确定"可见者与可述者之间"、症状与体征之间、场面与言语之间的结构同一；要么是美学梦想，当"图形文"为文本和绘画、语言和造型、陈述和影像提供同一形式的时候。[1] 福柯在他对马格利特的评论中如此指出，"细长、无色、平淡的小小斜条"总是重复，这一斜条将题目与外形、烟斗画与陈述"这是一只烟斗"分开，以致陈述变成"这**不是**一只烟斗"，因为绘画、陈述以及作为共同的想象形式的这个，统统都不是烟斗："在黑板上与在黑板上方一样，烟斗画和应给它命名的文字找不到相遇之处，这是一种'非关系'。"[2] 这可能是福柯在他的历史研究中建立起来的幽默的尝试说法。因为《古典时代疯狂史》曾指出了这一点：收容所作为内容形式或疯狂的可见性场所，在医学中根本没有它的来源，而在管治中找到了它的来源；医学作为表达形式及"非理性"陈述的生产要素，在医院之外展开了它的话语规则、诊断和治疗。莫里斯·布朗肖在评论福柯时指出：差异就是非理性与（et）疯狂间的对抗。《监视与惩罚》将再次论述一个相邻主题，并对它加以深化：监狱作为罪行的可见性不派生于作为表达形式的刑法；它来自完全不同的领域，这一领域是惩戒的，而非法律的；刑法自身则独立地产生监狱的"犯罪"陈述，正如它过去总是以某种方式被迫说，这**不是**一座监狱……这两种形式，在**形态**[3] 考

---

[1] 关于贯穿临床医学的同构梦想，参见《临床医学的诞生》，第108—117页；关于"图形文"，参见《这不是一只烟斗》，第19—25页。

[2]《这不是一只烟斗》，第47页，福柯在此又一次采用布朗肖的说法，即"非关系"（le non-rapport 一词，也可译为"非联系"。——译注）。

[3] 原文为德文 Gestaltung，又译外形、形象、塑造、造型等。——译注

古学意义上说，不拥有同一构成、同一起源或同一世系。但是，即使借助戏法，也存在着交会：我们认为，监狱以另一个人物代替刑事犯，利用这种代替，监狱产生或者再产生犯罪，与此同时，法律产生和再产生囚犯。[1] 在这两者之间，在这样的积层和开端处，一些关系建立和打破，一些交织形成和散开。对福柯和布朗肖都一样，如何解释非关系仍然是一种关系，甚至是一种更加深刻的关系？

其实，我们可以认为，存在着"真理游戏"（jeux de vérité），不，确切地说是真的程序。真理与建立真理的程序密不可分（《监视与惩罚》将"宗教裁判所调查"和"惩戒审讯"加以比较，宗教裁判所调查曾作为中世纪末的自然科学模式，惩戒审讯则是 18 世纪末的人文科学模式）。但是，这一程序由什么组成呢？它可能大致由过程（processus）和手段（procédé）构成，这是实用主义。这个过程是看的过程，向知识提出一系列问题：我们在这一积层上和在这种或那种开端看见了什么？我们不仅仅追问我们从何种对象出发，一直保持何种质量，我们置于何种物态（感性汇编）之中，而且要问：如何从这些对象、质量、事物中萃取出一些可见性？可见性以何种方式闪闪发光和闪烁出来？在何种光线下，光线汇集于积层上？进一步讲，主项位置作为这些可见性的变项，是什么？谁占据和看到这些位置？可是，也存在一些语言手段，这些手段从一个积层到另一个积层是不同的，同

---

[1] 在《监视与惩罚》中，某些片断将犯罪置于监狱一边，但事实上有两种犯罪，"犯罪—违法行为"诉诸陈述，而"犯罪—对象"诉诸监狱。重要的是，《监视与惩罚》标明 18 世纪的刑法演变和监狱出现之间的异质性，亦如《古典时代疯狂史》曾经标明 17 世纪收容所兴起与医学状况之间的根本异质性。

样在两个不同寻常的作者（如鲁塞尔手段和布里塞[1]手段）之间也是不同的。[2]词语、语句和命题的汇编是什么？如何从中萃取出渗透于它们的陈述？陈述在哪种语言聚集下根据语族和开端进行分散？然而，谁在说？就是说，作为变项的陈述主项是什么？谁来填补其位？总之，存在着陈述手段和机械过程。这里存在着诸多问题，这些问题总是真理问题。《快感的享用》在指出真理只有通过"问题化"才能化身为知识，并且问题化只有基于"实践"（看的实践与说的实践）才产生之时，将对以前著作加以总结。[3]这些实践就是过程和手段，构成关于真实的程序，即"真理史"。但是，这种真实的两半应当成问题地相互联系，与此同时，真理问题排除它们的一致或相似。举一个精神病学方面很简单的例子：我们在疯人院里能见到的人和能被我们陈述为疯子的人，是同一个吗？例如："发现"法官史瑞伯[4]的妄想症并把他关进疯人院，是容易的，但应当把他从疯人院里放出来，因为随后更难"陈述"（énoncer）其疯狂。相反，一个偏执狂患者容易陈述其疯狂，但很难及时看出这种疯狂，也很难在必要时把他关入精神病院。[5]许多人被关进疯人院，实则不应到那儿，但有许多人没有被关入疯人院，实则应当进去：19世纪的精神病学产生于这种疯狂"问题化"的发现上，而不是从中产生单义而确定的概念。

---

［1］ 布里塞（Jean-Pierre Brisset，（1837—1919）：法国作家。——译注

［2］ 参见《逻辑语法》，第 XVI 章：三种"手段"比较：鲁塞尔、布里塞和沃尔夫松（Louis Wolfson）。

［3］《快感的享用》，第 17 页。

［4］ 史瑞伯（Daniel Paul Schreber，1842—1911）：德国法官、妄想症患者、弗洛伊德的分析对象。——译注

［5］ 参见《我，皮埃尔·里维埃，杀害了我的母亲、妹妹与弟弟⋯⋯——19世纪一桩杀亲案》：犯罪偏执案例是 19 世纪精神病学面临的基本问题。

　　真实（le vrai）不由一致性或共同形式确定，也不由这两种形式之间的契合确定。说与看相分离，可见者与可述者相分离："**所见者从不寓居于所说者之中**"（ce qu'on voit ne se loge jamais dans ce qu'on dit），反之亦然。基于双重理由，结合是不可能的，陈述有其自身的相关对象，且不是像逻辑学所要求的那样表示事物状态或可见对象的命题；而可见性更不是不会说话的感觉，也不是在语言里现实化的潜能所指（signifié de puissance），如同现象学所主张的那样。档案这种视听资料是分离的。看—说分离（disjonction voir-parler）最完整的例子都存在于电影之中，这也并不令人惊讶。在施特劳布夫妇[1]、西贝尔贝格[2]和玛格丽特·杜拉斯[3]他们那里，声音从一边落下，犹如"历史"不再有场所，可见者则从另一边落下，如同清空的场所不再有历史一样。[4]在玛格丽特·杜拉斯《印度之歌》里，喧闹声令人想起从前的舞

---

[1]　施特劳布（Jean-Marie Straub, 1933—　）：法裔德国电影导演，他的影片均与他的妻子于耶（Danièle Huillet, 1936—2006）共同摄制。——译注

[2]　西贝尔贝格（Hans-Jürgen Syberberg, 1935—　）：德国电影导演。——译注

[3]　玛格丽特·杜拉斯（Marguerite Duras, 1914—1996）：法国作家、电影艺术家。——译注

[4]　参见伊夏布尔（Youssef Ishaghpour）的评论，特别是对玛格丽特·杜拉斯的评论，参见《从一个影像到另一个影像》，媒介出版社。布朗肖对《她说，毁了吧》所作的分析，参见《友谊》，伽利玛出版社。福柯对勒内·阿利奥（René Allio）的电影作品《我，皮埃尔·里维埃，杀害了我的母亲、妹妹与弟弟……——19世纪一桩杀亲案》非常感兴趣。这里存在着关于皮埃尔·里维埃的行为和福柯关于皮埃尔·里维埃的作品之间的关系问题（参见福柯批语："作品不详述动作，但从一个动作到另一个动作之间，存在着所有关系网"，第266页）；因此，电影应当遇到这一问题，应当用自身的方式解决这一问题。其实，阿利奥对画外对白不满意，但用了多种手法感觉到所见与陈述、视觉影像和声音影像之间的距离，甚至分离（始自第一个镜头，当我们听到重罪法庭的喧闹声和用语时，在荒无人烟的乡村看见了一棵树）。

会，或使这一舞会得到提升，它将从来不会被显示出来，当视觉影像显示出另一种无声舞会时，如果没有任何闪回能产生可见接头，就不会有任何画外声音能产生声音接头；《恒河女人》已经表现为两部相伴性电影，即"影像电影和声音电影"，空是唯一的"连接因素"(facteur de liaison)，它既是接合又是裂缝。在这两者之间，永远存在着非理性鸿沟。但是，这些不是处于任何影像之上的任何声音。的确，从可见者到陈述、或从陈述到可见者，没有连贯性。但是，在非理性鸿沟或在裂缝里，存在着永恒的重新连接。正是在这一层意义上，可见者与陈述形成一个积层，但这个积层总是由一个考古学的中心裂缝穿过和构成的（施特劳布）。只要我们停滞于物与词，我们就能相信我们言说我们所见，我们看见我们所说，这两者彼此相连：这就是我们停留在经验运用层面。可是，自从我们打开了词与物，自从我们发现了陈述与可见性，言语和目力都上升到了高级的"先天"运用层面，因而，每一积层都到了自身的极限，极限将言语和目力分开，可见者只能被看见，可述者也只能被言说。然而，进一步讲，分隔每一成层的固有极限，是共同的极限，它把所有积层紧紧联系起来，有两个不对称的面，缺乏理智的言语和寂静无声的影像。福柯与当代电影非常接近。

这么说，非关系怎么成为一种关系呢？或者，在福柯这两种意见之间存在着矛盾：一方面，"尽管我们言说我们所见，所见还是从来不居于所说之中，我们尽管通过影像、隐喻和比较让人们看见我们正在说的，影像、隐喻和比较闪现的地方不是目力所及之处，而是句法系统确定之地"；另一方面，"应当承认形象和文本之间的一切纵横交错，不，确切地说，在形象和文本之间，存在着反敌对目标的已发起的进攻、已射出的箭，还存在着颠覆和消灭的行为、长矛进攻和创伤、战斗……"，"词语间的影像跌落与划破画面的言语闪电……"，以及"事物形式中的话语切口"，反之亦然。[1] 这两种文本一点也不自相矛盾。第一个文本指出，看与说、可见者与可述者之间不存在同构或同源，乃至共同形式。第二个文本指出，这两种形式彼此渗透，如同渗透于战斗之中。战斗的召唤正是意味着没有同构。这就是两种性质不同的形式包含着条件和受条件限制者、光线和可见性、语言和陈述；但条件不"包含"受条件限制者，把这一受条件限制者提供给一个散播空间，它自身成为外在形式。因此，一些陈述正是在可见者及其条件之间川流不息，正如在马格利特的两支烟斗之间一样。一些可见性也正是在陈述及其条件之间相互渗透，如同在鲁塞尔那里一样，不使词语产生于可见者，鲁塞尔便不打开词语（并且不使事物产生于陈述，就不打开事物）。我们以前试图指出，"监狱"这一可见性形式如何产生一些延续犯罪的次要陈述，哪怕刑罚陈述产生一些加固监狱的次要可见者。进一步讲，这些是陈述和可见者，它们如同摔跤运动员一样直接互相抱住，互相克制或者互相捕捉，每次都构成"真理"。因此，福柯的用语是："在同一运动中，说并且引起看……惊人的纵横交错。"[2] 说与看**同时进行**（en même temps），尽管它们不是同一回事，我们不说我们所看，我们不看我们所说。但是它们构成积层，从一个积层到另一个积层同时发生变化（尽管依据的不是相同的规则）。

---

[1]《词与物》，第 25 页；《这不是一只烟斗》，第 30、48、50 页。《这不是一只烟斗》阐述了两个文本，并使其最大限度地发挥作用。

[2]《雷蒙·鲁塞尔》，第 147 页。

不过，这第一种回答（斗争、抱住、战斗、双重暗示），仍然不令人满意。它没有考虑到陈述的优先性。陈述根据其条件（语言）的自发性而富有优先性，语言为陈述提供了决定性形式。不过，可见者，根据自身条件（光线）的感受性，仅仅具有可决定者的形式。因此，我们可以认为，决定性总是来自陈述，尽管这两种形式自然不同。这就是为什么福柯在鲁塞尔作品中发现了一个新的方面：不仅仅在于打开事物以归纳出陈述，也不在于打开词语以引出可见性，而且在于根据陈述的自发性而使陈述诞生和激增，以致陈述将无限决定性运用于可见者。[1] 总之，这是对两种形式间关系问题的第二种回答：唯有陈述具有决定性，让人们看见，尽管让人们看见陈述所论的别物。在《知识考古学》中，处于极限的可见者只是否定地被指示，诸如非话语，而话语与非话语之间有更多的话语关系，我们不会感到吃惊。在可见者与可述者之间，我们应当同时坚持如下几个方面：两种形式的异质性、性质差异或非同构；互相抱住和互相捕捉之间的互为前提；一个对另一个的相当确定的优先性。

然而，这第二种回答不令人满意。如果决定性是无限的，那么可决定者如何是有限的且具有与决定性形式不同的形式呢？陈述无限地决定可见者时，可见者如何不超出限度且是永恒可决定的呢？如何阻止对象消失呢？在这一点上，在航海意义上而不在失败意义上，鲁塞尔作品岂不最终受挫了吗？"这里，语言在其

---

[1] 这就是为什么福柯在鲁塞尔作品中最终发现了三种作品：机器作品、手段作品、无限作品。在机器作品中，可见性引起或产生陈述（如《景》）；在手段作品中，陈述引起可见性（如《非洲印象》）；在无限作品（如《非洲新印象》）中，陈述在题外话的题外话里扩散并且无止境地追求可见者的决定性。参见《雷蒙·鲁塞尔》，第 7 章。

自身内部被排成圆圈，掩盖其有待看见的所与物，将它曾经打算提供给它的东西隐藏起来，以令人眩晕的高速涌向不可见的洞穴，而在此，万物居于洞口之外，语言消失在它们的疯狂追逐之中。"[1] 康德已经历过类似的冒险：知性自发性未将自身的决定性运用于直觉的感受性，直觉的感受性没有连续以自身的可决定者的形式反对决定性形式。因此，康德应当在这两种形式之外援引第三种要求，这一要求在本质上是"神秘的"，并且能把它们的相互适应解释为**真理**（Vérité）。这曾是想象**模式**（schème de l'imagination）。福柯所用"谜一般的"这个词与康德的谜是一致的，尽管它在完全不同的另一个总体中并且处于别的分布里。但在福柯那里，第三种要求也应该使可决定者与决定性之间、可见者与可述者之间、光线的感受性与语言的自发性之间相互适应，同时在这两种形式那边或这边发生作用。福柯正是在此意义上认为，抱住意味着**距离**（distance），通过这个距离，对手们"交换他们的威胁和词语"，对抗场所意味着"非场所"，这一非场所显示出对手们不属于同一空间或不依赖于同一形式。[2] 同样，福柯在分析保罗·克利 [3] 时指出，可见形象与书写符号相结合，**但处于与它们各自形式完全不同的另一个维度之中**（mais dans une autre dimension que celle de leurs forms respectives）。[4] 因而，这就是我们应该跃入与积层及其两种形式不同的另一个维度即非形式的第三维度里，这一维度将分析这两种形式的积层构成和一种形式对于另一种形式的优先性。这个维度即新方向，由什么组成呢？

---

[1] 《雷蒙·鲁塞尔》，第 172 页。
[2] 《尼采、系谱学和史学》，第 156 页。
[3] 保罗·克利（Paul Klee，1879—1940）：德国画家。——译注
[4] 《这不是一只烟斗》，第 40—42 页。

策略或非成层者：
外部思想（权力）[1]

什么是**权力**（pouvoir）？福柯的定义显得非常简单，权力是一种力量关系，不，确切地说，一切力量关系都是"权力关系"。首先，我们认识到，权力不是形式，比如形式—国家（forme-État）；权力关系不处于两种形式之间，如同知识一样。其次，力量从来不是单一的，与其他力量相适应本质上是它的责任，因而一切力量都已经是关系，也就是说权力：力量拥有无异于力量的对象和主体。我们将看不到自然法的回归，因为法律本身是一种表达形式，**大自然**（Nature）则是一种可见性形式，**并且暴力是力量的伴随物或后果，而不是其构成部分**（et la violence un concomitant ou un conséquent de la force, mais non un constituant）。福柯更接近尼采（也

---

[1]　"非成层者"，法文原文为 le non-stratifié。——译注

同样接近马克思），依尼采看来，力量关系大大超越了暴力，不能通过它而得以确立。这就是暴力建立在身体、对象和确定存在之上，暴力摧毁或改变身体、对象和确定存在的形式，然而，力量拥有无异于其他力量的对象，拥有无异于关系的存在：这是"对于行动的行动，是一些可能或现实、将来或现在的对于行动的行动"，这是一些可能对于行动的行动总和。因此，我们可以构想一份必然开放的变项表，它表达力量关系或权力关系，构成对于行动的行动：鼓动、促使、改变方向、变易或变难、扩大或限制、变得大致可能……[1] 这些就是权力范畴。《监视与惩罚》在此意义上建立了力量关系在 18 世纪具有的更加细致的价值表：**在空间里分布**（被规定为监禁、分区控制、排列、分类……的空间），**在时间上安排**（细分时间、规划行为、分解行为……），**在时空中构成**（"构成生产力"的种种方式，"效果理当高于形成生产力的基本力量的总和"）……正如我们在前面看到的那样，这就是为什么福柯关于权力的重要论题发展成了三个方面：权力本质上不是镇压（既然它"鼓动、挑起、生产"）；它在自我克制之前就被行使（既然它只在可决定形式阶级和被决定形式国家之下自我控制）；它经由被统治者，无异于经由统治者（既然它经由一切相互联系的力量）。这是一种高深的尼采哲学。

我们不必追问"什么是权力，它来自何处？"，但必须追问：它如何被行使？权力行使作为情动（affect [2]）而出现，既然力量

---

[1]《关于主体和权力的两篇论文》，载德赖弗斯和拉比诺：《米歇尔·福柯——哲学之路》，伽利玛出版社，第 313 页。

[2] 法文词 "affect"，对应于拉丁语词 "affectus"，又译 "感动" 或 "情感"。——译注

自身通过影响其他力量的权力而被确定（这种力量与其他力量有关），它也通过受其他力量影响的权力而被确定。鼓动、挑起、生产（或者所有类似的表格术语）构成作用情动（affects actifs），被鼓动、被挑起、被决定生产、拥有"好的"结果，即反作用情动（affects réactifs）。反作用情动不只是作用情动的"反冲"或"消极面"，更是"不可消除的对立"，在我们认为受影响的力量是反抗能力的情况下，尤其是这样。[1] 与此同时，每一力量都有影响（其他力量）且被（其他力量）影响的权力，因而，每一股力量都包含多种权力关系；整个力量场根据这些关系及其变化对力量进行分布。自发性和感受性现在获得了新的含义：影响和被影响。

被影响的权力如同力量的**内容**（材料，matière de la force），影响的权力如同力量的**功能**（fonction de la force）。不过，关键在于一种纯粹功能，即非形式化功能，是撇开具体形式、目的和手段的受控功能，它在这些具体形式中体现出来，服务于这些目的，使用这些手段：行动物理学是一种抽象行动物理学。关键在于一种纯粹内容，即不成形的内容，是撇开会进入其中的成形实体、合格的存在或对象的受支配内容：这是关于原材料的物理学或关于无添加剂材料的物理学。因此，权力范畴是适宜于被视为"任意"的行为和任意支持的决定因素。因此，《监视与惩罚》通过纯粹功能对**环视监狱**（Panoptique）加以说明，这种功能对任意个体多样性强制规定了任意任务或任意行为，在独一无二的条件下，多样性为数不多，并且空间有限又不太广阔。我们既不

---

[1] 《知识意志》，第 126—127 页。

看重形式也不看重成形实体，形式为功能（教育、治疗、惩罚、强迫生产）提供目的和手段，内容（"囚徒、病人、学生、疯子、工人、战士"……）以成形实体为支撑。实际上，**环视监狱**（Panoptique）在 18 世纪末贯穿于这一切形式之中，并应用于这一切实体之中：正是在这一层意义上，它是权力范畴，即纯粹的惩戒功能。因此，福柯把它叫作**图表**（diagramme），就是像摆脱一切被规定的实体一样"应当摆脱一切特殊用途的"功能。[1]《知识意志》将重视另一种同时出现的功能：只要多样性为数众多（人口），并且空间广阔或开放，就要管理和控制任何一种多样性中的生活。"成为可能"正是在此获得了它在权力范畴中的意义，或然性方法也在此得以采用。总之，这两种现代社会中的纯粹功能后来成为"解剖政治"（anatomo-politique）和"生命政治"（bio-politique），这两种无饰内容将是任意的身体和任意的人口。[2] 因此，我们能确定相互连接的几种方式的图表：这就是适宜于某一构成的权力关系的展现；这是影响权力和被影响权力的分布，这是非形式化的纯功能和不成形的纯内容的混合。

在构成**权力**（Pouvoir）的力量关系和构成**知识**（Savoir）的形式关系之间，难道不应当指出我们对这两种知识的形式和形式因素所言说的吗？在权力与知识之间，存在着本质差异和异质；但也存在着互为前提和相互捕捉；还存在着一个对另一个的优先性。首先，之所以存在本质差异，是因为权力不经由形式，而只经由力量。知识涉及成形内容（实体）和形式化功能，成形内容与形

---

　　[1]《监视与惩罚》，第 207 页。（并见第 229 页："倘若监狱类似于工厂、学校、兵营、医院，而它们反过来都类似于监狱，那么这有什么惊人之处呢？"）
　　[2]《知识意志》，第 183—188 页。

式化功能部分地分散在看与说、光线与语言这两大形式条件之下，因此，知识是成层的、归档的，具有相对坚硬的节段性。相反，权力是图表式的：它调动非成层的内容和功能，以灵活的节段性方式进行。其实，它不经过一些形式，而经过一些**点**（points），即奇点，奇点每次都标明力量的运用、相对于其他力量的力量的作用或反作用，换而言之，就是情动，即"总是地方性的、不稳定的权力状况"。因此，图表有了第四个界定：这就是传播，即奇点分布。权力关系既是局部的，又是不稳定的和扩散的，不是从中心地点或具有优先性的独一无二的策源地发散出来，但时时刻刻都在力量场"从一个地点转移到另一个地点"，同时标明转变、倒转、突变、回旋、方向变化、反抗。这就是为什么权力关系在这种或那种要求下是不可能局限于一地的。它们构成策略，如同非成层者的运用，"匿名策略"几乎寂静无声、盲目轻率，因为它们回避可见者和可述者的稳定形式。[1] 策略有别于成层现象，如同图表不同于档案一样。这就是权力关系的不稳定性确定策略或非成层的社会环境。权力关系并非**众所周知**（sus）。进一步讲，它在福柯思想里有点像它出现在康德体系中，在康德那里，纯实践的决定性不可归结为理论上或认识上的一切决定性。的确，据福柯讲，一切都是实践的；但权力实践不能归为一切知识实践。为了标明这一本质差异，福柯后来提出，权力诉诸"微观物理学"。只要我们不把"微观"理解为可见形式或可述形式的简单微型化，而是把它理解成另一个领域、一种新型关系、一个不归为

---

[1] 基本文本，见《知识意志》，第122—127页。(关于地点、策略、不稳定性；关于反抗，福柯将明确使用数学上有关奇点的用语，"结点、焦点……")

知识的思想维度：变幻不定且不限于一地的关系。[1]

弗朗索瓦·沙特莱[2]在概括福柯实用主义时很好地指出："权力如同操练，知识如同守则。"[3]研究知识的成层关系在《知识考古学》中到达顶点。研究权力的策略关系始于《监视与惩罚》，在《知识意志》中反常地到达顶点。这是因为权力与知识间的本质差异并不妨碍存在互为前提，相互捕捉，交互内在性。人学与权力关系不可分割，而权力关系使人学成为可能，促使知识或多或少能够越过认识论开端或者形成认识：例如，对于"性知识"（scientia sexualis[4]），存在着苦修者—听忏悔的神甫关系、信侍—神师关系；或者，对于心理学，存在着惩戒关系。关键不在于认为人学来源于监狱，而在于认为人学以监狱自身所依赖的力量图表为前提。相反，如果力量关系在构成知识的成形或成层的关系中无法实行，那么在不为人知的情况下，它们处于传递、不稳定、无限消减、几乎潜在的状态。甚至，**自然**知识（savoir de la Nature），并且特别是科学性开端的超越，依赖人与人之间

---

[1] 关于"权力微观物理学"，参见《监视与惩罚》，第140页。关于微观的不可减缩性，参见《知识意志》，第132页。应当将福柯思想与皮埃尔·布迪厄的"策略"社会学加以对照：在某种意义上，策略社会学是微观社会学。或许也应把这两者与塔尔德微观社会学联系起来。塔尔德微观社会学的对象，是扩散而极微的关系，而不是大团体和大人物，而是关于小人物的微末观念、官员的缩写签名、新的地方性习惯、语言偏离、蔓延的视觉扭曲。这与福柯称作"汇编"的东西相关。关于"小发明"的作用的论述与塔尔德相当接近，参见《监视与惩罚》，第222页。

[2] 弗朗索瓦·沙特莱（François Châtelet，1925—1986）：法国哲学家。——译注

[3] 弗朗索瓦·沙特莱和埃弗利娜·皮西耶（Évelyne Pisier，1941—2017）：《20世纪政治观念》，法国大学出版社，第1085页。

[4] 又译"性学"。——译注

的力量关系，但它们自身在这种形式下实现：认识从来不依赖某一主体，与权力图表相比，这个主体是自由的，但与实现权力图表的知识相比，权力图表从来不是自由的。因此，对**权力—知识**（pouvoir-savoir）情结的断言建立了图表与档案间的关系，从图表和档案的本质差异出发对它们加以连接。"即使知识技术与权力策略具有其特殊作用，并且**从它们的差异出发**（à partir de leur différence）彼此连接，在知识技术与权力策略之间，也毫无外在性。"[1]

所有的权力关系都是决定奇点（情动）的微分关系。既稳定又成叠这些权力关系的现实化，就是一种积分（intégration，整体化[2]），即是一种运作，它旨在标出"一条总的力量线"，旨在连接、调整、均化、整理、收敛奇点。[3] 尚未直接存在全部积分。更确切地说，存在着一种局部的、部分的积分多样性（multiplicité d'intégration）。每一种多样性都类同于这样的关系和奇点。组成整体的要素（积分要素），即成层因素，形成制度：**国家**以及**家庭**、**宗教**、**产品**、**市场**、**艺术本身**、**道德**……（l'État, mais aussi la Famille, la Religion, la Production, le Marché, l'Art lui-même, la Morale...）这些制度不是源泉或本质，既没有本质也没有内在性。这是实践，是不解释权力的操作性机器，因为，在再生产和非生产的功能之下，它们以权力关系为先决条件，仅限

---

[1]《知识意志》，第 130 页。

[2] 此处的 intégration 一词，可以读作数学上的"积分"，也可读作哲学上的"整体化"，以沟通德勒兹理论的数学意义与哲学思想，还可进一步与这个词的其他意义（诸如整合、合并、结合、一体化、归并、同化、并融等）连接起来，进而看到哲学与非哲学如何过渡与打通。——译注

[3]《知识意志》，第 124 页。

于"确定"这些关系。不存在国家，但仅仅存在国家控制，在其他情况下也是如此。因而，对于每一历史构成来说，都应该追问是什么东西重又回到存在于这一积层上的每一种制度，也就是说，历史构成整合（积分）何种权力关系，与其他制度保持何种关系，并且追问这些分布从一个积层到另一个积层如何发生变化。还存在十分变幻不定的、横向的、纵向的捕捉问题。如若形式—国家在我们的历史构成中捕捉到了那么多的权力关系，便不是因为这种关系来自形式—国家；相反，是因为根据情况而格外多变的"连续性国家控制"的操作产生于教育秩序、司法秩序、经济秩序、家庭秩序、性秩序之中，同时以全部积分（总体整合）为目的。不管怎样，国家以权力关系为前提，而不是权力关系的源泉。福柯所表达且提出的是，如果我们通过"治理"来理解**产生全面影响的权力**（le pouvoir d'affecter sous tous ses aspects，治理儿童、灵魂、病人、家庭……），那么政府与国家相比是首要的。[1] 如果我们由此而试图界定制度（国家或其他制度）的最一般特点，那么几乎旨在建立种种假设性权力—治理关系，它们就是围绕着克分子机构（instance molaire）的分子关系 [2] 或"微观物理学"关系：**君王**或**法律**之于国家，**父亲**之于

---

[1] 参见福柯关于"治理"的文本，载德赖弗斯和拉比诺：《米歇尔·福柯——哲学之路》，第 314 页。而关于制度的论述，参见第 315 页。

[2] 在德勒兹著作里，被借用的化学术语"克分子"与"分子"往往相对立而出现，每个国家、每个社会、每个机构、每种制度、每种政治、每个人，总之，每一事物都处于这样或那样的线条之中。所有线条都具节段性，线的树状节段就是克分子，线的根茎节段就是分子。线条的树状节段生成的事物就是克分子事物或宏观事物（比如克分子装置、克分子机构等），线条的根茎节段生成的事物就是分子事物或微观事物（比如分子关系、微观物理学等）。这表明，每一事物都渗透着克分子与分子，或者宏观与微观，或者树状节段与根茎节段。——译注

家庭，**货币、黄金**或**美元**之于市场，**上帝**之于宗教，**性**之于性制。《知识意志》分析了两大优先例子：**法律和性**，这本书的整个结论表明"无性性欲"（sexualité sans sexe）的微分关系在性的思辨要素"唯一的能指和普遍的所指"里如何积分（整合），在着手实现性欲"歇斯底里化"时实现欲望正常化。但无论如何，这都有点像在普鲁斯特作品里那样，分子性欲（sexualité moléculaire）在得到积分整合的性之下沸腾激奋或低沉作响。

恰恰是这些积分、克分子机构创立某些知识［如"性知识"（scientia sexualis）］。然而，为什么在这一层面上出现了裂缝？福柯指出，制度必定具有两极或两大要素："机器"和"规则"。事实上，制度组成重要的可见性、可见性领域与重要的可述性和陈述体制。这种制度是双形式的和双面的（例如，性，同是说话的性和让人看见的性，即语言和光线）。[1] 更一般地讲，我们重新发现前面的分析结果：积分，只有在创造**发散的**（divergentes）实现途径的同时，才能实现或发生作用，它在发散的实现途径中被分散。不，确切地说，实现，只有在创造形式**微分系统**（système de différenciation）的同时才能积分它。在每一构成中，都存在着建立可见者的感受性形式和构成可述者的自发性形式。的确，这两种形式与力量的两个方面或者两种情动（被影响的权力感受性和影响的权力自发性）不一致。但是，这两种形式派生于这种权力的感受性和自发性，在其中找到了自身的"内在条件"。这是因为权力关系没有自身的形式，并与非成形内容［感受性（réceptivité）］和未形式化功能［自发性（spontanéité）］

---

[1]《知识意志》分析了这两种形式：说话的性（第 101 页）和有光的性（第 207 页）。

保持联系。然而，知识关系从各方面论述成形的实体和形式化功能，时而处于可见者的感受种类之下，时而处于可述者的自发种类之下。成形的实体通过可见性而显现，形式化目的化功能则通过陈述而显现。因此，我们别混淆权力的情动范畴（"鼓动""挑起"，等等）和知识的形式范畴（"教育""治疗""惩罚"，等等），知识的形式范畴通过看与说来实现权力的情动范畴。可是，根据排斥一致的转移，制度正是在此具有整合权力关系的能力，同时建构起实现、整顿、**重新分配**（redistribuent）权力关系的知识。依据受重视的制度的性质，不，确切地说，依据制度操作的性质，一部分的可见性和另一个部分的陈述，将触及这样或那样的开端，这一开端将使可见性和陈述变成政治的、经济的、审美的……（一个明显的"问题"是知道陈述能否触及某一开端，例如科学开端，可见性处于开端下方。或者相反。但正是这一点使真理成了问题。如同存在着总是变化多端的陈述那样，存在着国家、艺术、科学的可见性）。

实现—积分（现实化—整体化）如何产生？根据《知识考古学》，我们至少会理解实现—积分的一半。福柯将"规则性"用作陈述的特性。不过，依福柯看来，规则性具有一层十分确切的意义：这是连接实现与积分之间那些奇点（规则）的曲线。准确而言，力量关系决定奇点，因而，图表总是一种奇点传播。但是，另一层意义是经过邻近点连接这些奇点的曲线。阿尔贝尔·洛特曼[1]曾经指出，在微分方程理论上，存在着数学上的"两种完全不同的现实"，尽管它们必然互补：在矢量场的奇点的

[1] 阿尔贝尔·洛特曼（Albert Lautman, 1908—1944）：法国数学哲学家、反抗运动成员。——译注

存在和分布，在奇点附近的完整曲线形式。[1] 他从中引出了《知识考古学》所援用的方法：一个系列延伸到另一个奇点附近，一个新的系列又从此开始，时而与第一个系列汇合（相同"语族"陈述），时而分岔（另一个语族）。曲线正是在这个意义上产生力量关系，同时对这种关系进行整理、调整，使所有系列汇合，引出一条"总的力量线"：对福柯来说，不仅曲线和图表是陈述，而且陈述是曲线或图表。或者，为了更好地指出，陈述既不归结为语句，也不归结为命题，他提出，我胡乱在一张纸上写出的字母形成一个陈述，"即一个字母系列的陈述，它只有一个法则，就是偶然"；同样，我从法文打字机键盘上抄写的字母也构成一个陈述，A，Z，E，R，T（尽管显示出的键盘和字母不是陈述本身，因为这是一些可见物）。在这一点上，如果我们把福柯最难或最神秘的文本集中起来，那么他会补充说，陈述与外部和别物具有特殊关系，"这个别物可能与陈述之间离奇地相似和几乎同一"。应当明白陈述与可见性、键盘上的字母之间有某种联系吗？当然不，因为恰恰是可见者与可述者之间的关系是成问题的。陈述绝不由它所指或所表而定。我们觉得，这就是应当理解的东西：**陈述是汇集奇点的曲线**（l'énoncé est la courbe qui unit des points singuliers），即实行或实现力量关系的曲线，就像力量关系根据重复性邻近性秩序（或者，在另一个例子中是根据偶然性）而以法语形式存在于字母与手指之间一样。但是，**奇点自身**（les points singuliers eux-mêmes）与其力量关系并非已然是一个陈述：这是陈述的外部，这个陈述与外部之间可能离奇地相似且几

---

[1] 洛特曼：《时间问题》，埃曼出版社，第41—42页。

乎同一。[1] 至于可见性，例如，键盘上的字母，它们外在于陈述，但不是陈述的外部。因而，可见性与陈述情形相同，这一情形原来就是可见性应以自身的方式化解的特殊情形。可见性也应当与它们实现的外部、它们反过来积分整合的奇点或力量关系保持联系，而与陈述有着不同的方式方法，因为可见性居于陈述外部。

曲线—陈述在语言中求情动强度、微分力量关系和权力奇点（潜在性）的积分。但是，可见性也应当以另一种方式在光线里积分它们。因此，光线作为易于接受的积分形式，应该为自己铺开一条道路，这条道路与作为自发性形式的语言道路具有可比性，但不一致。处于它们"非关系"内部的两种形式的关系，是它们确定不稳定的力量关系、对传播加以限制和概括、调整奇点的两种方式。因为可见性在历史构成的光辉之下构成一幅幅画面，这一幅幅画面属于可见者，陈述则属于可说者或易读者。"画面"总是萦绕着福柯，他常常在十分普通的意义上使用这个词，这个词也涵盖了陈述。但是，这是因为它给陈述提供了总的描述性意义，在确切的意义上讲，这一意义不是陈述具有的。在最确切的意义上，画面—描述和曲线—陈述是两种性质不同的形式化积分力量。福柯处于相当漫长的逻辑传统之中，这一传统表明了陈述与描述之间的本质差异（例如罗素）。这个问题出现在逻辑中的时候，已经能在小说、"新小说"以及电影中找到一些出乎意料的进展。福柯提出的新方案更加值得重视：画面—描述是适

---

[1]《知识考古学》：关于陈述、曲线或图表，参见第 109 页；关于偶然性或重复性分布，参见第 114 页；关于键盘与陈述，键盘上的字母与陈述中的字母，参见第 114 页；关于"别物"或外部，参见第 117 页。关于这类全部问题，福柯的论述十分言简意赅、简明扼要。

宜于可见性的调节，一切都像曲线—陈述那样是适宜于易读性的调节。因此，福柯富有描述画面的热情，或者进一步讲，他富有适用于画面的描述的热情：对宫娥、马奈、马格利特的描述，对流刑犯枷锁、疯人院、监狱、小囚车的惊人描述，这些描述恰似一幅幅画面，而福柯本人如同一位画家。这大概是在其所有著作中与新小说和雷蒙·鲁塞尔一起建构起来的亲缘关系（affinité）。回到对委拉斯开兹《宫娥》的描述：光线形成"螺旋形贝壳"，这个贝壳使奇点成为可见的，其实，在完整的表现"循环"中，产生了如此多的光线与映像。[1] 一切都如同陈述在成为语句和命题之前是一些曲线一样，画面在成为外形和色彩之前是一些光线。画面在感受性形式中实现的，是力量关系的奇点，犹如画家和君王"无限闪烁交替"的相互关系。在画面—描述和曲线—陈述中，力量图表同步实现。

福柯的三角图式既具有认识论分析价值，又具有美学分析价值。进一步讲，可见性同样包含捕捉陈述，陈述自身包含捕捉可见性，这种可见性在与词语一起发生作用时继续有别于陈述本身。正是在此意义上，严格的文学分析能在自身内部重新发现画面与曲线的区别：描述可以是言语的，仍然不同于陈述。我们想到，如福克纳[2] 一类的作品：所有陈述都勾勒出一些神奇曲线，它们经历话语对象和多变的主体身份（好些人的同一名字，同一人的两个名字），并且处于存在—语言之中，处于福克纳特有的一切语言汇集之中。但是，描述勾画出这么多画面，它们根据时间与季节使映像、光芒、闪烁诸种变化多端的可见性显现出来，并且将

---

［1］《词与物》，第 27 页（以及第 319 页）。

［2］ 福克纳（William Faulkner, 1897—1962）：美国作家。——译注

这些可见性分配到存在—光线即全部光线的汇集之中，福克纳握有光线汇集的秘密（福克纳，最伟大的文学"光效画家"……）。还有，在这两大要素之上存在着第三个要素，即不为人知、不为人见、不为人说的权力中心，即腐蚀的或被腐蚀的策源地，它们在南方家族中，走向倾覆与衰退，一切皆成黑色。

在何种意义上存在着权力对于知识、权力关系对于知识关系的优先性呢？这是因为，如果不存在权力的微分关系，那么知识关系没有任何东西有待积分。没有对权力的微分关系进行积分操作，这种微分关系便是消失的、初步的或潜在的，这是确实的，因此，它们互为前提。可是，如果存在优先性，那么是因为知识的两种异质形式因积分而构成，并且建立了间接一种关系，处于它们的裂缝或"非关系"之中，居于那些只归属力量的条件之下。这两种知识形式的间接关系，也不具有任何共同形式，甚至没有联系，但只有力量的非形式因素，它邻接着两种知识形式。因此，福柯图表论（diagrammatisme de Foucault），也就是说纯粹力量关系的表现或纯奇点传播，与康德模式论（schématisme kantien）具有异曲同工之妙。正是图表论保证了不可消除的两种自发性、感受性形式之间的关系，知识正是源于这一关系。关系作为力量，自身具有特有的自发性和感受性，尽管自发性和感受性是非形式的，不，确切地说是因为它们是非形式的。如果我们抽象地看待权力，那么它既看不见什么也不谈论什么。这是一只鼹鼠，它只在自己的地洞网和复杂的洞穴里才辨认得出自己的所在：权力"从无数的点开始被使用"，"来自下层"。但恰恰是这样，在它自身不看不谈之时让人看见和谈论。福柯关于"无耻人的生命"的探索计划是如何表现出来的呢？问题不在于已经拥有言语，也不在于光线因作恶而出名，而在于罪恶的、卑微的、无声的存在，在于它们与权力的相遇、相撞从光线中获得瞬间并使瞬间说话。甚至我们可以说，如果在知识中不存在原始、自由、野性的经验，犹如现象学所求，这是因为**看**与**说**（le Voir et le Parler）总是早已完全被纳入权力关系，它们以权力关系为前提并实现这种关系。[1] 例如，如果我们试图确定语句和作品汇编以便从中萃取出陈述，那么我们只能在确定权力（与反抗）中心时做成这种汇编，这种汇编依赖于权力（与反抗）中心。汇编成为主要的东西：权力关系包含知识关系，相反，知识关系必须以权力关系为条件。如果陈述只分散于一种外在性形式之中，可见性只散播于另一种外在性形式之中，那么是因为权力关系自身甚至在不再具有形式的组成部分之中是扩散而多点状的。权力关系指定"别物"，陈述（以及可见性）则依赖这个别物，即使根据逐渐而连续的积分仪（整合者）操作，陈述和可见性与权力关系之间存在着很小的区别：正如《知识考古学》所言，数的盲目传播不是陈述，但它们的有声再现或在一张纸上的再现，则是一种陈述。如果权力不是一种简单的暴力，这不仅仅是因为它自身穿过那些表达了力量关系与力量（鼓动、促使、产生效率等）的范畴，而且也因为，与知识相对而言，它产生了真理，因为它让人看和说。[2] 它产生了作为问题的真实。

前面的研究，在知识层面，将我们面对面地置身于可见者

---

[1]《无耻人的生命》，第16页（关于权力让人看和说、显明和用力说的方式，参见第15—17页、第27页）。

[2]《知识意志》，第76页和第98页。

与可述者之间的福柯的十分特殊的二元论境地。但是，应当注意到，二元论通常至少具有三层含义：首先是真正的二元论，它标明了诸如笛卡尔哲学中两个实体之间不可消除的差异，还有诸如康德哲学中两种能力之间不可消除的差异；其次是诸如斯宾诺莎或柏格森哲学中的一个暂时阶段，它超越自身而迈向一元论；最后，是在多元论内部发生作用的预备性分布。这便是福柯的情况。如果可见者与可述者处于双重状态，并且，它们各自的形式，诸如外在性形式、分散性形式或散播性形式，产生它们的两种"多样性"，那么这两种多样性中任何一种都不能被归并为单一性：陈述只存在于一种话语多样性之中，可见性只存在于一种非话语多样性之中。这两种多样性都通向第三种多样性，即力量关系的多样性，一种扩散多样性，它不再经历前两种多样性，并且摆脱了一切可二元化的形式。《监视与惩罚》不断地指出，一切二元论都是"多样性"中突如其来的克分子的或大量的结果。力量二元论，即影响—被影响，仅仅是每一力量多样性的标志，是复式力量存在。西贝尔贝格有时会说，一分为二就是分散多样性的尝试，而多样性不能表示为唯一形式。[1] 可是，这种分布只能把一些多样性从多样性中区分出来。福柯的全部哲学正是关于多的语用学（pragmatique du multiple）。

倘若可见者与可述者这两种形式的多变性组合是历史积层或历史构成，那么权力微观物理学反而在非形式的与非成层的要素中呈现出了力量关系。超感觉的图表不会与视听档案相混淆：它犹如作为历史构成的先决条件的先天性。不过，在积层之下、在

[1] 西贝尔贝格：《帕西法尔》，载《伽利玛电影手册》，第46页。西贝尔贝格是一位专门发展了看—说分别处理的电影艺术家。

积层之上、在积层外部，什么都没有。变幻不定、无限消减、四处扩散的力量关系，不居于积层外部，它们却是成层的外部。这就是为什么历史先天性自身是历史的。乍看起来，我们会认为图表是专用于现代社会的：《监视与惩罚》分析惩戒图表，因为它以社会领域内在的分区控制取代了旧王权的影响。但它什么也不是，而是每一成层的历史构成，它就像指向其外部那样指向力量图表。我们的惩戒社会贯穿于我们能确定的权力范畴（对于行为的行为）：强制规定任何任务或者产生有益的影响，控制任何人口或者管理生命。但是，旧存的王权社会由相同的图表式范畴而得以确立：抽取（抽取行动或产品的行动、抽取力量的力量），作出死刑判决（叫人死或让人活，这与管理生命截然不同）。[1]在这两种情况下都存在图表。福柯还指出了另一种图表，即"牧领"图表，是教堂修会而不是国家社会借助于这一图表，他详细论述了图表范畴：如同力量关系或对于行动的行动那样，放牧（paître un troupeau）……[2]我们会明白，我们可以谈论希腊图表、罗马图表、封建图表……如同权力范畴清单那样（并且惩戒图表当然不是最后的字眼），这个清单是无限的。在某种方式上，我们认为，所有图表都在各个积层之上、之下或之间发生联系（因而，我们可把"拿破仑"图表界定为交叉积层（interstratique），即古代君权社会和这个图表所预示的新型惩戒社会之间的中介）。[3]图表正是在这个意义上不同于积层：只有积层构成才给

---

[1]《知识意志》，第 178—179 页。

[2] 参见"四个牧领权力范畴"，载德赖弗斯和拉比诺：《米歇尔·福柯——哲学之路》，第 305 页。

[3]《监视与惩罚》，第 219 页。

图表提供了稳定性，这种稳定性是图表自身所没有的，图表自身是不稳定、动荡、转动的。这是先天性的反常特征，是微动荡。这是因为相互联系的力量都与其差距或关系的变化不可分割。总之，所有力量都处于永恒生成状态，**存在着一种重复历史的力量变化**（il y a un devenir des forces qui double l'histoire），不，确切地说，根据尼采观念，力量变化笼罩历史。因为图表展示出力量的总体关系，所以它不是场所，而是"非场所"：这仅仅是为了那些突变的某个场所。突然，事物不再同样被感知，命题也不再同样被陈述……[1] 图表大概与稳定或固定它的积层构成相联系，但根据另一条轴线，它又与另一个图表和图表的其他不稳定状态力量通过这种状态继续其突变。这就是为什么图表总是成层的外部。图表不是力量关系的展示，同时也没有成为奇异性和奇点的播射。并非无论什么事物与无论什么事物之间都相互关联。关键在于连续抽签，每次抽签都偶然地发生作用，但通过前一次抽签而处于一定的外在条件之中。图表即图表状态，它总是随机与相依的混合，如同处于马尔科夫[2]链条之中。"必然性的铁腕摇晃着充满偶然性的骰子杯。"福柯援引尼采所言。因此，不存在连续性和内在化，但存在鸿沟和间断（突变）之上的重新连接。

必须区分外在性和外部。外在性还是一种形式，如同在《知识考古学》之中，甚至是两种彼此外在的形式，因为知识产生于

[1] 关于力量关系、变化和非场所，参见《尼采、系谱学和史学》，第156页。关于突变，它使得事物"突然"再也觉察不出，也不再以同一方式陈述出来，参见《词与物》，第229页。又见《知识意志》，第131页："权力—知识关系不是已定的分布形式，而是变更模子。"

[2] 马尔科夫（Andreï Andreïevitch Markov, 1856—1922）：俄国数学家。——译注

光线与语言、看与说这两种环境。但是，外部与力量有关：如果这种力量总是与其他力量相关，所有力量必然依赖不可消除的外部，这种不可消除的外部甚至不再具有形式，产生不可分割的差别，力量通过这种差别影响另一股力量或受到另一股力量的影响。一种力量都总是从外部将多变表现给予其他力量，或者从其他力量接受这种表现，这种多变表现只存在于某种差别上或于某种关系之下。存在着不同于形式史的力量变化，因为它在另一个维度中发生作用。因此，比整个外部世界，甚至全部外在性形式**更加遥远的外部**（un dehors plus lointain），变得更加无比接近。如果未曾存在过这个更接近且更遥远的外部，那么这两种外在性形式又如何互为外在呢？《知识考古学》已经援用了"别物"（l'autre chose）……如果这两种外在即异质的知识形式要素找到了那些历史一致性——即真理"问题"的诸多答案——，那么我们已然看到这一点，这就是为什么力量在不同于形式空间的另一空间发生作用，这个另一空间是**外部**空间（espace du Dehors），在此，确切地说，在这个外部空间，关系是"非关系"，场所是"非场所"，历史是生成。在福柯著作里，论尼采的文章与论布朗肖的文章相互连接或重新相连。如果看与说是一些外在性形式，思考便面对无形式的外部。[1] 思考就是触及非成层者。看就是思考，说就是思考，但思考产生于外部与裂缝、看与说的分离之中。这是福柯与布朗肖的第二次相遇：就外部"抽象风暴"猛烈吹进看与说的裂缝而论，思考属于外部。呼唤外部是福柯的恒

---

[1] 参见纪念布朗肖《外部思想》一文。这与布朗肖相遇的两点因而是外在性（说与看）和外部（思考关于作为不同于外在形式维度的另一维度的力量外部，即"另一空间"，参见《这不是一只烟斗》，第41—42页）。

常主题，意味着思考不是天赋的能力运用，但应该在思想上偶然发生。思考不依赖于联合可见者与可述者的合适内在性，但产生于外部侵入，外部开掘间隔，强行弄开和分割内部。"外部凹陷而引起内在性……"因为内部以开始和结束——能够吻合且产生"一切"的开端和终点——为前提。但是，只存在一些环境和缝隙，词与物通过从不吻合的环境而展现出来，这时，正是为了解放某些来自外部并且只存在于动荡、转动与改动、突变状态的力量。这的确是掷骰子的事，因为思考就是掷骰子。

这就是我们所讨论的外部力量：这从来都不是历史、积层、考古学的发生变化的复合体，然而，在外部力量与其他来自外部（策略）的力量相联系之时，它们是构成的力量。变化、更换、突变涉及构成的力量，而不涉及复合的形式。为什么这个表面上如此简单的观念难以理解，以致"人之死"引起了那么多的曲解？时而，人们提出反对意见说，问题不在于生存着的人，而只是人这个概念。时而，人们认为，福柯思想与尼采思想一致，这曾是超越本我接近超人的生存着的人，但愿如此。这两种情况都是因为对福柯不理解，如同对尼采不理解一样（我们尚未提出关于恶意和蠢话的问题，恶意与蠢话往往推动人们对福柯的评论，正如对尼采的评论状况一样）。其实，问题不是人的复合体，不论是概念的还是生存的，是可感知的还是可述的。这就是关于人的构成力量的问题：它们与别的什么力量相结合呢？什么是由此而出的复合体？不过，在古典时代，一切人的力量都与"表现"力量相联系，这种表现力量企图使实际或**无限可建立的**（élevable à l'infini）东西摆脱一切力量：因而，力量总体构成上帝，而不是人，人只能出现在无限秩序之间。这就是为什么梅洛-庞蒂通过他思考无限的无可指责的方式说明了古典思想的特点：不仅无限先于有限，而且人的素质也以无限为支撑，用于构成上帝的极端统一。为了人作为特殊的复合体出现，它的构成力量应该与新的力量发生联系，新的力量避开表现力量，甚至废除了它。这些新力量，是生命、劳动和语言的力量，力量把生命、劳动和语言置于表现之外，因此，生命发现"构造"，劳动发现"产品"，语言发现"家族关系"。**这些隐隐约约的有限力量首先是非人类的**（Ces forces obscures de la finitude ne sont pas d'abord humaines），但是，它们与人的力量相联系，以将人逼到其自身限度之下，然后把人自己造就的历史与人联系起来。[1] 那么在 18 世纪新的历史构成方面，完完全全是由"紧张的"构成力量总体组成的人。但是，如果我们构想第三次抽签，那么人的力量还与其他力量相联系，以便又组成别物，它将不再是上帝，也不是人：我们认为，人之死与上帝之死密切相关，这是为了新复合体的利益。总之，构成力量与外部的关系，在其他关系之中，随着新的构成，不断使复合形式发生变化。就算人是潮退潮涨之间的沙滩画像，也应该完全得到理解，这是仅仅出现在另外两种构成即古典时代构成和未来构成之间的一种构成，古典时代构成忽视了人，未来构成却再也不认识人。[2] 无处欢喜，无处哭泣。人的力量已经与其他力量即信息力量紧紧相连，而信息力量与人的力量一起构成不

---

[1] 这一点在《词与物》中最为重要：福柯绝对没说生命、劳动和语言是人的力量，人意识到了这种力量，犹如意识到自我的有限性一样。相反，生命、劳动、语言首先作为外在于人的有限力量而出现，并且把历史强加于人，把历史不是人的历史转向自身，使它自身的有限性成为基础。参见第 380—381 页，福柯在此概括了这种分析的两个时刻。

[2] 这是《词与物》的结束语。我们在附录里对人之死将进行更加详细的分析。

同于人的东西，即与第三种机器结成的不可分割的体系"人—机器"，难道我们不经常这样认为吗？这是一种与硅而非碳的结合？

力量总是从外部受到其他力量的影响，或者影响其他力量。存在着影响权力和被影响权力，根据相互联系的力量，权力充满多变方式。作为全部力量关系的限定，图表从来没有耗尽力量，力量能渗入其他关系和构成之中。图表来自外部，但外部却不与任何图表相混同，与此同时，不断从中抽取出新的图表。因此，外部总是未来的序曲，与未来一起什么也没有完结，因为一切都没开始，但一切都彻底改变。力量在此意义上握有某种相对于图表的潜力，力量被攫于图表之中，或者存在着第三种权力，它表现为"反抗"能力。事实上，在权力奇点（奇异性）旁边（不，确切地说是其对面），力量图表显出反抗奇点，权力奇点与权力关系一致，这样的"点、结点、焦点"转而在积层上被实现，却是为了使变化成为可能。[1] 更进一步讲，权力的结束语是，**反抗是首要的**，如果权力关系在图表里拥有一切，反抗则必定处于与外部的直接关系之中，图表来自外部。[2] 因此，社会领域的反抗远胜于其策略运作，并且外部思想就是一种反抗思想。

三个世纪之前，有些蠢人早就感到震惊，因为斯宾诺莎期望

---

[1]《知识意志》，第126—127页（"反抗点的多样性融合或层叠"，以使"革命成为可能"）。

[2] 德赖弗斯和拉比诺：《米歇尔·福柯——哲学之路》，第300页。关于当代反抗形式表现的六种奇点（奇异性、特殊性），参见第301—302页 [（参见该书中文版《超越结构主义与解释学》第275—276页。——译注）特别是现实斗争的"横向性"这个概念，在福柯那里和在瓜塔里那里是一致的]。在福柯著作中，对特龙蒂（Mario Tronti）解释马克思主义的论点作出了回应（《工人与资本》，布尔古瓦出版社）："工人"反抗观念**先于**资本策略。

人的解放，尽管他不相信其自由，甚至也不相信其特殊存在。今天，新的蠢人或者同样的再生者都感到吃惊，因为福柯参加过政治斗争，曾宣告了人之死。他们反对福柯，援引人权的普遍而永恒的意识，这一意识应当免受整个分析的侵袭。对永恒的依靠是太薄弱、太粗浅的思想的面具，甚至对何物孕育思想（自 19 世纪以来现代权利的变化）一无所知，这并非第一次。确实，福柯从未把重要性赋予普遍和永恒：这仅仅是众多或总的结果，这种结果来自某些奇点分布，分布处于这样的历史构成之中或处于这样的形式化过程之下。在普遍之下，存在着奇点游戏和奇点传播，人的普遍性或永恒性只是历史积层带来特殊而暂时的组合影子。独一无二的情况是数学，在这种情况下，在陈述出现的同时，普遍被使用，因为"形式化的开端"与出现的开端在此叠合。但是，在其他所有场合，普遍都是后来的。[1] 福柯能够揭露"逻各斯运动"，"它将奇点（奇异性）提升到概念"，因为"逻各斯其实只是早已稳定的话语"，当一切都被言说之时，当一切都已死亡继而回到"自我意识的无声内在性之中"时[2]，一切都产生了，并且突如其来。权利主体就是生命，生命如同特殊的持有者和"全部可能"，而不是作为永恒性形式的人。的确，当极重要的力量在**宪法**（Constitution）的政治时代一刹那构成人的形象的时候，人代替生命，代替权利主体。但是，在今日，权利还改变了主体，因为生命力甚至**在人之中**（dans l'homme）进入了

---

[1]《知识考古学》，第 246 页："〔数学〕存在的可能性本身意味着，在整个历史长河中，在其他任何场合处于分散状态的东西一开始就是给定的……为了其他所有科学的诞生和变化，将数学话语的建立作为原型，我们很可能使一切特殊的历史性形式一致。"

[2]《话语秩序》，第 50—51 页。

别的组合并组成别的形象："要求得到和作为目标的东西，是生命……生命大大胜于权利，权利成了政治斗争的赌注，即使政治斗争通过权利确认表现出来。关于生命、身体、健康、幸福、满足需要的权利……这一权利对于古典法律体系是如此难以理解的……"[1]

这是我们在"知识分子"的地位中所看到的同一突变。在大量已发表的访谈录中，福柯解释道，从18世纪到第二次世界大战（也许经过左拉、罗兰……直到萨特）的漫长历史时期内，知识分子能追求普遍：正是在这一领域，作家的奇异性与"著名法学家"的地位相吻合，著名法学家能反抗职业法学家，产生普遍性影响。如果知识分子改变了形象（以及写作功能），那么这是因为他的地位本身发生了变化，并且现在从一个特殊场所过渡到了另一个特殊场所，从一个奇点过渡到了另一个奇点，"原子学家、遗传学家、信息论专家、药理学家……"，与此同时，产生了横向性而非普遍性的影响，像交换器或优先性交织一样发生作用。[2] 在这个意义上，知识分子甚或作家能够（仅为潜在性）更好地参加斗争和现实反抗，斗争和反抗已变成"横向的"。那么知识分子或者作家适于谈论生命语言，而不是权利语言。

在《知识意志》最精彩的片断里，福柯想说什么？权力图表放弃君权模式以提供惩戒模式，成为负责和管理生命的人口的

---

[1]《知识意志》，第191页（全章第179—191页）。关于以生命（社会权利）而不以人（民法）为人类对象，埃瓦尔德（François Ewald）的分析依赖于福柯：参见《福利国家》，格拉塞出版社，特别是第24—27页。

[2]"一般"知识分子与"特殊"知识分子，参见《弓》，第70号（与丰塔纳的对话）。

"生命权力"（bio-pouvoir）和"生命政治"（bio-politique），这时，生命完全是作为新的权力对象出现的。那么权利渐渐放弃建立君主特权——处决（死刑）的权利——的东西，但是它放任更多的大屠杀和种族灭绝：这不是恢复古老的处决权利，而是相反，以种族、生存空间、人口的生命条件与幸存条件为名行事，人口得到更好评价，也不再把自己的敌人看作旧君王的司法敌人，而是看作有毒或感染的因素，即一种"生物危害"。从那时起，废除死刑，燔祭增多，"这是出于相同的理由"，同时更好地说明了人之死。不过，当权力以生命为对象或目标之时，反抗权力已依靠生命，使生命转而反对权力。"生命作为政治对象，可以说早已在字面上被把握，并转而反对试图控制生命的制度。"与完全成形的话语所言相反，毫不需要依靠人来进行反抗。正如尼采所言，反抗从老人那里萃取出的东西，是生命的力量，这种生命可能更加广阔、活跃、肯定、贵重。超人从不意味着别物：正是应该**在人本身之中**（dans l'homme même）解放生命，因为人本身是幽闭生命的方式。当权力以生命为对象的时候，生命反抗权力。进一步讲，这两种行为在此处于同一层面。（在失败问题里，我们完全看出了这一点，在最反动的权力以"生存权"为由之时……）在权力成为生命权力时，反抗成了生命的权力，即不会止步于这种或那种图表的种类、环境和途径的生机权力。来自外部的力量难道不是某种**生命**观（idée de la Vie），即福柯思想到达顶点的某种生机论吗？生命难道不是力量的反抗能力吗？自《临床医学的诞生》起，福柯很钦佩比沙[1]，比沙在以反抗死刑的功

---

[1] 比沙（Marie Francois Xavier Bichat，1771—1802）：法国医生、解剖学家、生理学家。——译注

能总体来界定生命时发现了新的生机论。[1] 正是应该在人自身中寻找反抗人之死的力量和功能总体，在这一点上，福柯与尼采无别。斯宾诺莎曾经指出：当人体（corps humain）摆脱人类惩戒的束缚时，我们不知它能做何事。福柯则指出：人作为生命体，如同"反抗力量"的总体，我们无从知道他能做什么。[2]

---

　　[1]《临床医学的诞生》，第 146 页："比沙使死亡概念相对化，另一方面，使其丧失绝对性，它在绝对中作为不可分割、决定性、不可挽回的事件而出现：在零星的死亡形式和局部逐渐而缓慢的死亡形式（死亡本身就在这儿完成）之下，他把死亡概念化为乌有并把它分散到生命之中。但是，他据此建立了医学思想和医学知觉的基本结构；生命与这一结构相对立并引起这一结构；与这一结构相比，生命是活生生的对立物，因此生命之为生命；与这结构相比，生命有分析地得到陈述，因此，这是真实的……生机论诞生于死亡论基础之上。"

　　[2]《知识意志》，第 190 页。

褶皱或思想内部（主体化）

　　继《知识意志》之后的漫长沉默期，发生了什么？也许福柯意识到某种与该书相关的误解：难道他没有禁锢于权力关系之中吗？他对自己提出如是异议："我们就是这样，依然同样**无法越过这条界线**，同样**无法**从另一侧穿过……在权力这一边，在它所说的东西或让人说的东西方面，选择总是相同的……"[1]他大概自答道："生命力集中到生命的最高点，在这一最高点，生命完全与权力发生冲突、搏斗，力图使用其力量或逃脱陷阱。"依福柯看，他还会提醒我们注意到，没有几乎基本的反抗点，权力的扩散中心就不存在；不揭示和引起反抗权力的生命，权力就不以生命为目标；外部力量不断搞乱和破坏图表。但是，相反，如果横向的反抗关系不断重新积层、触及，甚或构成权力间的密切关系，那么发生什么事啦？1970年后，监狱运动最终失败使福柯感

---

[1]《无耻人的生命》，第16页。

到悲伤，然后其他世界范围内发生的事件应当加剧了他的愁闷。如果权力是由真理构成的，那么如何构想一种不再是权力真理（vérité de pouvoir）的"真理权力"（pouvoir de la vérité）呢？如何构想源于横向性反抗界线而不再出自完整性权力界线的真理呢？如何"越过这条界线"呢？并且，如果应该触及作为外部力量的生命，谁对我说过这一外部不是可怕的空际，也不是似乎进行抗争的生命，即"局部、逐渐、缓慢的"死亡空际的简单布局呢？甚至我们也不会再说，在"不可分割而具决定性的"事件中，死亡将生命转变为命运，而可以说它增加和分化，以给予生命的奇点，因而，生命的奇点就是生命感到从其反抗中获得的真理。于是，还剩下什么东西呢？否则，要经历形形色色的死亡，而所有死亡都在先，死亡本身的巨大局限在后，并且死亡随后还在继续进行。生命仅仅在"有人死"（On meurt）的行列中占据其位置，即其所有位置。恰恰在此意义上，比沙与死亡（决定性时刻与不可分性事件）的古典概念决裂，并且以如下两种方式决裂：将死亡视为与生命同外延的现象，将死亡视为部分而特殊的死亡的多样性产物。福柯在分析比沙论题之时，其口吻充分表明关键在于不同于认识论分析的分析。[1] 问题在于构思死亡，为数不多的人与福柯一样随着他们构思死亡而死去。这种属于福柯的生命力，福柯总是把它作为比沙那样的多重性死亡加以思考和体验。在回归蒙昧之前，这些匿名生命只在与权力相冲突、搏斗、换取生硬刺耳的言语的过程中表现出来，除了这些匿名生命之外，剩下的是福柯称作"无耻人的生命"的东西以及他根据无耻人的"厄

---

[1]《临床医学的诞生》，第142—148页、第155—156页。

运、狂怒或多变的疯狂"因我们的尊重而提出的东西。[1] 这是离奇而难以置信的，他正是依靠这种"无耻"："我曾经从这种具有更大能量的微粒出发，这些微粒本身更小且更难以觉察出。"直到《快感的享用》令人心碎的字眼："抛弃自己……"[2]

《知识意志》一书明确终止于一个疑惑。如果福柯在《知识意志》结尾时发现了死胡同，那么不是由于他思考权力的方式，而是因为他发现了死胡同，而权力本身把我们逼到了这个死胡同。在我们生活中，在我们思想上，我们在自己更加低微的真理中与权力互相冲突。运动使外部摆脱空际，所谓空际就是使外部从死亡中脱离出来的运动场。只有外部曾经在运动中被把握，才有出路。这犹如一个新方向，既异于知识方向又别于权力方向。这是一个公正地被克服的方向吗？这是一个真正的生命断言吗？无论怎样，这不是取消其他方向的方向，而是与其他方向同时发挥作用的方向，是防止其他方向封闭于死胡同。或许，这第三个方向一开始就出现在福柯著作中（同样，权力一开始就已出现在知识之中）。但是，哪怕重返其他两个方向，第三个方向还是只

---

[1]《无耻人的生命》，第 16 页。我们会注意到，福柯反对另外两个关于无耻的概念。一个与巴塔耶（Georges Bataille）接近，它以过剩本身来论述存在于传说或故事中的生命［这是过于"为人所知的"古典无耻，例如吉尔·德雷（Gilles de Rais）所论，故为假无耻］。根据另一个概念，更接近博尔赫斯（Jorge Luis Borges），生命存在于传说中，因为生命举动的复杂性、生命的迂回及其间断性，只能通过耗尽可能和掩盖矛盾的或然性故事，才能得到理解［这是"巴洛克风格的"（一译"巴罗克风格的"——译注）无耻，斯塔韦斯基（Serge Alexandre Stavisky）可是其中一例］。然而，福柯构想了第三种无耻，严格地说，它是难得的无耻，即微不足道者、无名者、普通人的无耻，他们只因诉状与警察报告才瞬间曝光。这是与契诃夫（Anton Pavlovitch Tchekhov）接近的概念。

[2]《快感的享用》，第 14 页。

有保持距离才能摆脱出来。福柯意识到有必要进行彻底修改，以便理清这条当他在其他方向裹足不前时鲜有觉察的道路：福柯在《快感的享用》总序里阐述的正是这一修改。

然而，这个新维度一开始是如何表现出来的呢？直到现在，我们已经接触三个维度：在积层之上成熟的形式关系 [**知识（Savoir）**]；在图表层面的力量关系 [**权力（Pouvoir）**]；以及与外部的关系，如布朗肖所说，这种绝对关系也完全是一种非关系 [**思想（Pensée）**]。这意味着不存在内部吗？福柯不断地彻底批判内在性。可是，**内部会比整个内部世界都更为深刻**（un dedans qui serait plus profond que tout monde intérieur），正如外部比整个外部世界都更加遥远吗？外部不是一个固定范围，而是一种生气勃勃、变幻莫测的物质，它充满蠕动、褶子（plis）和褶皱（plissements）：它不是有别于外部的东西，而完完全全是外部的内部。《词与物》已详述过如下主题：如果思想来自外部，不断依赖于外部，那么如同思想不思考又无法思考的东西一样，外部如何不出现在内部呢？犹如不能思考绕过或扩大外部的东西那样，否思（impensée）也不出现在外部，而处于思想的中心。[1] 假如存在着思想内部，那么当否思援引无限和不同的无限秩序之时，它是古典时代已经指明的东西。更恰当地说，从 19 世纪起，正是种种有限性维度将会对外部加以折叠，也将建构一种"深度"，一种"出于自身的厚度"，一种生命、劳动和语言的内部，人就居于生命、劳动和语言的内部，人不是为了沉睡其中，而是相反，也是作为"生命体、劳动个体或言说主体"寓居于觉醒的人

---

[1]《词与物》，第 333—339 页："我思与否思"，又参见《外部思想》。

之中。[1] 时而是无限的褶子，时而是有限的复褶，这种有限的褶痕给外部提供弯曲物并建构内部。《临床医学的诞生》已经指出，临床如何在身体表面发挥作用，病理解剖学又如何在身体上插入深深的褶痕，这些褶痕不会复活再生古老的内在性，而是建构这一外部的新内部。[2] 内部如同外部的操作：在福柯的全部著作中，他好像被这一内部主题困扰，内部仅仅是外部的褶子，如同船舶是海洋的褶皱一样。关于文艺复兴时代被投上大帆船的疯子，福柯指出："他置身于**外部的内部**（à l'intérieur de l'extérieur），并且相反……他是途中最自由、最开放环境的囚徒，被牢牢用链子锁在无限的十字架开端，是优秀的旅客，即是说过路区徒。"[3] 思想与疯子本身无别。"包围外部，也就是说把它建构成等待的或例外的内在性"，布朗肖在论及福柯时这样说。[4]

不，确切地说，复本（double）这个主题一直困扰福柯。但是，复本从来不是内部的投影，反而是外部的内在化。这不是**一分为二**（dédoublement de l'Un），而是**他者**的重叠（redoublement de l'Autre）。这不是**同一者**（le Même）的再现，而是**差异者**（le Différent）的重复。这不是**我**（JE）的流溢，而是永恒他者或**非我**（un Non-moi）置于内在状态。这从来不是作为复本（un double）的他者，在重叠中，恰恰是我如同他者的复本一样生存：我并不存在于外部，我在我身上找到他者［关键在于指出**他者**（l'Autre）即**遥远者**（le Lointain）如何也完全是**最近者**（le

---

［1］《词与物》，第 263、324、328、335 页。

［2］《临床医学的诞生》，第 132—133 页、第 138—164 页。

［3］《古典时代疯狂史》，第 22 页。

［4］ 布朗肖：《无限的对谈》，伽利玛出版社，第 292 页。

plus Proche）与**同一者**（le Même）〕。[1] 这完完全全如同胚胎组织的内褶，或者缝纫的衬里作用：绞、折、补……《知识考古学》曾指出，在其最具反论的篇章里，一个语句如何重复它的他者，尤其是，陈述如何重复、并合几乎没有区别的"别物"（键盘字母 AZERT 的传播）。关于权力的论著也指出，积层形式如何重复一些几乎无别的力量关系，历史曾经如何是变化的衬里。正是福柯哲学的经常性主题，在推动《雷蒙·鲁塞尔》的同时，已产生了充分的分析对象。因为雷蒙·鲁塞尔早已发现的曾经正是：外部的语句；它在第二个语句中的重复；两者之间的细微差异（"钩破的裂缝""障碍"）；从一个到另一个之间的绞扭、衬里或重叠。裂缝不再是胚胎组织的意外断层，而是新的规则，外部胚胎组织根据这一新规则扭动、套叠、并合。随意的规则或者偶然的传播、掷骰子的事，就是福柯所说的重复、差异，以及把它们"联系"起来的衬里作用。福柯不止一次幽默地建立文学表达，这种表达可能是认识论、语言学、一切严肃学科显明的表达。《雷蒙·鲁塞尔》连接、缝合了衬里一词的所有意义，以指明内部如何在过去总是预先假设的外部的褶皱。[2] 鲁塞尔的最后方法，即彼此的内部题外话的激增，增加了语句的褶皱。因此，福柯这本书的重要性在此。他所开辟的道路本身一定是双重的。我们根本无法破坏其优先性：内部将总是外部**的**衬里。但是，时而，像轻率冒失且寻死觅活的鲁塞尔那样，我们想拆开

---

　　[1]《词与物》，第 350 页（以及据康德看来，关于人作为"经验—先验对偶物""经验—批判重叠"）。

　　[2] 这些都是《雷蒙·鲁塞尔》的恒常主题（特别是第 II 章，doublure 的所有意义都得以概括，关于鲁塞尔作品《弹指》，"在红高跟福尔班剧本里替身演员的诗句"，第 37—38 页）。

衬里，摆脱"商议行为"的褶子，以便重新找到外部及其"令人窒息的空隙"。时而，像莱里斯 [1] 那样，更加明智和谨慎，但又处于另一勇敢的顶点，我们将关注褶子，加固裂缝之间的衬里，我们四周布满那些形成"绝对记忆"的褶皱，以使外部成为至关重要而再生的因素。[2]《古典时代疯狂史》写道：置于外部的内部，并且相反……也许福柯不断在这两条复本道路之间动摇不定，像他过早清理过的道路那样：选择死亡或者选择记忆。也许他像鲁塞尔那样已经选择了死亡，但要历尽记忆的迂回或褶皱。

或许应当追溯到希腊人……因此，最令人充满激情的问题会找到那些能使它变得更平淡或者使它缓和的条件。如果褶皱和重叠常常出现在福柯全部著作里，却只是很晚才找到了其位置，那么是因为他曾把"绝对记忆"称作新维度，这个新维度应当既区别于力量关系或权力关系，又区别于知识的成层形式。希腊结构（formation grecque）显示出新的权力关系，这种关系大大不同于旧的帝国结构（formations impériales），并且在作为可见性体制的希腊光线中，在作为陈述体制的逻各斯中，得以实现。因此，我们可以谈论权力图表，这个图表通过合格知识加以扩展："保障自我引导，管理家务，参与城邦治理，这是三大同

---

　　[1]　莱里斯（Michel Leiris，1901—1990）：法国人种学家、作家。——译注
　　[2]　应当引用有关鲁塞尔和莱里斯的全部论述，因为我们相信，它插进了涉及福柯一生的某种东西："关于那么多无地位的事物和那么多荒诞的身份，如同绝对记忆和从未完全灭亡的幻想沉睡于词语的**褶子**（les plis）里一样，［莱里斯］缓慢汇集其自己的认同。这些相同的褶子，鲁塞尔把它们与一致行动分开，以从中找到令人窒息的空隙，将被置于全部君权之上严格的存在空缺，以塑造出无亲属无类别的形象"（第28—29页）。

一类型的实践活动"，色诺芬 [1] "出色地指出，在这三种艺术之间，存在着连续性、同构性，以及它们在个体存在中使用的年代系统" [2]。但是，还不是在这儿出现了希腊人最伟大的创新。由于双重"中断关系"，希腊人的这一创新出现在以后：当"有可能自治的活动"同时**摆脱**（se détachent）作为力量关系的权力和作为道德"规范"的知识的时候。一方面，存在着"自我关系"，它开始产生于与其他关系相关的关系；另一方面，同样存在着"自我构成"，它开始派生于作为知识规则的道德规范。[3] 这种派生物与中断关系，应该在**自我关系**（rapport à soi）获得自主的意义上理解它们。这犹如外部关系折叠、弯曲以产生衬里，让自我关系出现，并构成根据固有维度而凹陷、展开的内部那样，"l'enkrateia [4]"，即作为自制力的自我关系，"**在**施于他者的权力之**中**，是一种施于自我的权力"（如果我们不自治，又如何能够打算治理他者呢?），以致就政治、家庭、雄辩术、游戏，以及美德本身的构成权力而言，自我关系成了"内在调节原则"。[5] 这是关于钩破裂缝和衬里的希腊说法：引起褶皱（即反射）的脱离作用。

无论如何，这都是福柯关于希腊人创新的说法。在细枝末节中和在明显朴实中，我们都认为这种说法非常重要。希腊人所为，不是在历史—世界的行为中显现**存在**（Être）或展开**裂口**

---

[1] 色诺芬（Xénophon，vers 430 av. J.-C. -vers 355 av. J.-C.），雅典人，军事家、文史学家、苏格拉底弟子。——译注

[2]《快感的享用》，第 88 页。

[3]《快感的享用》，第 90 页（古典时代中断关系的两个方面）。

[4] 希腊文，意即控制、自制、自制力、节制。——译注

[5]《快感的享用》，第 93—94 页。

(Ouvert)。福柯认为，或者更少，或者更多。[1] 在实际运用中折叠外部。希腊人是最初的衬里（doublure）。属于外部者，就是力量，因为力量本质上与其他力量相关：它本身与影响其他力量（自发性）和受其他力量（感受性）影响的权力不可分割。然而，由此而派生者，是**与自身相结合的力量关系、自我感动**[2] **的权力、自我对自我的情动**（un rapport de la force avec soi, un pouvoir de s'affecter soi-même, un affect de soi par soi）。根据希腊图表，唯有某些自由人才能统治他者（"自由因素"与他们之间的"竞技关系"，这些就是图表特征）。[3] 可是，如果他们不统治自我，又如何统治他者呢？统治他者应当并合自我统治。与他者的关系应当并合与自我的关系。权力的强制规则应当并合运用权力的自由人的随意规则。"主体"应该摆脱在这里和那里（在城邦、家庭、法庭、游戏……之中）实现图表的道德规范的约束，它中断关系，不再依赖于其内部的规范。这就是希腊人所为：他们折叠了力量，它却不断成为力量。他们把力量与自身联系起来。绝不无视内在性、个体性、主体性，他们发明了主体，但作为派生物，作为主体化产物。他们发现了"审美生存"，也就是说是衬里、

---

[1] 据此，福柯的某种口气标明了与海德格尔的差距［不，希腊人没有什么"了不起……"，参见"与巴尔贝德特（Gilles Barbedette）与斯卡拉（André Scala）的对话"，载 1984 年 6 月 28 日《新闻》］。

[2] S'affecter soi-même 一词，或可译为"自我影响"。——译注

[3] 力量图表或希腊人固有的权力关系图表不是福柯的直接分析对象。他可能认为当代史学家，诸如德蒂安纳、韦尔南（Jean-Pierre Vernant）、维达尔-纳凯（Pierre Vidal-Naquet），已对这种图表进行了研究。准确地说，他们的独立性是根据新型的权力关系确定了希腊的物质和精神的空间。从这个观点看，福柯常常影射"竞技"关系，重要的是指明竞技关系是原始功能（尤其出现在爱恋行为中）。

自我关系、自由人的随意规则。[1]（倘若我们看不到这种作为新维度的派生物，我们就会以为在希腊人思想里不存在主体性，特别是在我们寻找强制规则方面的派生物的情况下……）[2] 福柯的基本观点，是关于主体性维度的观点，主体性来自权力和知识，却不依赖于它们。

以另一种方式看，与以前的著作相较而言，恰恰是《快感的享用》一书从几个方面阐述了中断关系。一方面，他引证始于希腊人并经由基督教时代而将延伸到我们今日的长时期，但他以前的著作重视 17 世纪与 19 世纪之间的短时期，另一方面，他发现了自我关系，作为不可归结为权力关系和知识关系的新维度，权力关系和知识关系使以先前著作成为研究对象：因而需要重新组织总体。最后，《知识意志》从权力和知识的双重观点研究了性欲，与《快感的享用》这本书之间存在着断裂；现在，自我关系完全展露出来，但与性欲间的关系还不确定。[3] 因而，总体重组的第一步已经在那儿：自我关系与性欲之间如何有选择性关系以达到改变"性欲史"计划呢？答案是十分准确的：如同权力关系只在实现自我关系的同时显示出来，折叠权力关系的自我关系，只在被实现的同时表现出来。它正是在性欲中被建立或被实现。

---

[1] 关于不可还原为规范的主体或"主体化"的构成，参见《快感的享用》，第 33—37 页；关于审美生存领域，参见第 103—105 页。"随意规则"不是福柯的用语，而是拉波夫的用语，但是我们觉得它与陈述的地位完全一致，以表示内在的变化功能，而不表示恒定现象。现在，它具有更普遍的意义，以表示区别于规范的调节功能。

[2]《快感的享用》，第 73 页。

[3] 福柯说过，他曾从写作关于性欲的书开始（《知识意志》的续篇，遵从同一准则）；"然后我写了关于自我观念和自我技术观念的书，性欲观念在此消失，我不得不第三次重写一本书，我试图在其中维系两者的平衡。"参见德赖弗斯和拉比诺：《米歇尔·福柯——哲学之路》，第 323 页。

或许不是直接地被建立或被实现；因为内部和内在性的构成首先是饮食的，而不是性的。[1] 但是，在这方面还存在如下问题：是谁使得性欲逐渐与饮食断决关系且成为自我关系实现的场所呢？因此，像性欲为希腊人所体验到的那样，在女性中，性欲使力量那易于接受的因素具体化，在男性中，使力量那积极的或自发的因素具体化。[2] 因此，自由人的自我关系作为自决，将以三种方式触及性欲：在快感"**饮食学**"（Diététique）的简单形式之下，人们自治以便有能力积极治理自己的身体；在家庭"**经济学**"（Économie）的复合形式下，人们自治以便有能力管理妻子，也使她自己获得善待；在男童"**性观念**"（Érotique）的展开形式下，人们自治以便使男童自己也学会自治，学会积极处世，还学会反抗他者的权力。[3] 希腊人不仅仅发明了自我关系，而且在性欲中连接、复合、拆开这种关系。总之，在自我关系和忙欲之间，希腊人出色地建立了交会关系。

重新分配，即重新组织，无论如何，都独自产生于一个长时期之中。因为自我关系不会停留在自由人预定与合拢的区域，这一区域独立于整个"制度的和社会的体系"。自我关系将会在权力关系和知识关系之中被把握。自我关系又将再次融入早就从中派生的那些体系之中。在"伦理学"知识中，内在个体是用代码表示的，也是再次用代码表示的，尤其是，它成了权力赌注，并体现为图表。因此，褶子就像被展开，自由人的主体化转变成从属地位：一方面，这是"因控制与相依"而对他者的服从，以及权力所建立的一切个体化程序和调制程序，而权力支撑于它所称作

---

[1]《快感的享用》，第61—62页。

[2]《快感的享用》，第55—57页。

[3]《快感的享用》，第II、III和VI章（关于"男童矛盾"，第243页）。

其主体的日常生活与内在性；另一方面，这就是"因自我意识和自我认识而（各人）所依恋的自身身份"，以及将形成主体知识的一切精神科学和人学的技术。[1] 与此同时，性欲围绕权力中心组织起来，产生"性知识"，并与"权力—知识"结构（即**性**）合成一体（福柯在此重新回到了《知识意志》的分析）。

应该从中推断出，希腊人发现的新维度已经消失且突然偏向知识和权力两个方向吗？在何种意义上，需要回到希腊人那里去，以重新发现作为自由个体性的自我关系。显然，它什么也不是。将总是存在着反规则、反权力的自我关系；甚至这种自我关系是我们在前面所谈反抗点的一种起源。例如，我们把基督教道德归结为它们进行的法典编纂的结果和它们援用的牧领权力（牧师权力），却不重视在**宗教改革运动**（Réforme）之前不断发展的主体化的"精神和禁欲运动"（集体主体化是存在的），是不对的。[2] 指出集体主体化抵制精神和禁欲的主体化运动，还是不够的；在它们之间，存在着永久联系，或者为了斗争，或者为了联合。因此，应该提出的东西是主体化，即自我关系，在变形且改换方式的同时，不断产生，以致希腊方式成为十分遥远的记忆。由权力关系与知识关系所恢复的自我关系在他处别样地不断重生。

---

[1] 参见德赖弗斯和拉比诺：《米歇尔·福柯——哲学之路》，第302—304页。这里，我们概括福柯的几点不同提示：（1）道德有两极：主体化的规范和方式，它们正好相反，一个不降低，另一个则得不到加强（《快感的享用》，第35—37页）；（2）主体化趋于回到规范之中，为了规范之利而变得空荡荡或变得更加坚硬（这是《自我的关切》的总主题）；（3）一种新型权力出现，承担个体化和渗透于内部的任务：首先是教会的牧领权力，然后是在国家权力中的恢复（《米歇尔·福柯——哲学之路》，第305—306页：福柯的论述重新回到《监视与惩罚》对"个体化权力和调制权力的分析"）。

[2]《快感的享用》，第37页。

褶皱或思想内部（主体化）

自我关系的最一般方式是自我对自我的情动，或者屈服的力量。主体化由褶皱而产生。不过，有**四种褶皱**（quatre plissements），即四个主体化褶子，犹如地狱长河。第一个褶皱涉及被围在和用于褶子里的我们自身的肉身部分：在希腊人那里，曾经是身体（corps）及其快感（plaisirs），即"阿芙洛狄西亚"（aphrodisia）；但在基督教徒那里，将是肉体（chair）及其肉欲（désirs），肉欲是一种完全不同的实体方式。第二个褶皱，确切地说，是力量关系的褶子；因为力量关系恰恰始终根据某种特殊规则而被折叠，以生成自我关系；当动力规则是自然的、或神授的、或理性的、或审美的……之时，这不一定是一回事。第三个褶皱是知识褶子或真理褶子，因为它建立了真实与我们的存在、我们的存在与真理间的关系，这种关系将充当一切知识、一切认识的形式条件：知识的主体化，它的产生方式完全不同于希腊人、基督教徒、柏拉图、笛卡尔或康德所采用的产生方式。第四个褶皱是外部自身的褶子，即最后一个褶子：正是它构成布朗肖称作"期待的内在性"（intériorité d'attente）的东西，在不同方式、不灭、永恒、拯救、自由、死亡、冷淡……方面，主体对它寄予希望。这四个褶子如同作为自我关系的主体性或内在性的目的因、形式因、动力因、质料因。[1] 况且在不同律动上，这是一些特别变幻不定的褶子，褶子的变化构成不可消除的主体化方

---

[1] 我们使福柯在《快感的享用》第32—39页（德赖弗斯和拉比诺：《米歇尔·福柯——哲学之路》，第333—334页）区分的四个方面加以系统化。福柯用"服从"一词指示主体构成的第二个方面；但这一词当时也具有另一层含义，即当构成主体服从权力关系时所具有的意义。第三个方面具有特殊的重要性，有可能和《词与物》相呼应；其实，《词与物》指明了生命、劳动和语言在折叠以构成更深刻的主体性之前，首先是知识对象。

式。在规范和规则之下、在知识和权力之下，褶子发生作用，哪怕在展开的同时再使它们接合，但其他褶痕并不会产生。

进而言之，自我关系每次都根据与主体化方式相适应的方式碰到性欲：因为力量的自发性与感受性不再根据积极作用和消极作用而被分配，如同在希腊那里一样，但是，根据两性结构，在基督教徒那里，这是完全不同的。从一般对比观点看，希腊人的身体—快感与基督教徒的肉体—肉欲之间存在着哪些差异呢？根据第一个褶子，柏拉图停留于身体和快感上，但据第三个褶子，他已经上升到了**肉欲**（Désir），与此同时，将真理与情人折叠，摆脱新的主体化过程，这一过程通往"肉欲主体"（不再通往快感主体），这可能吗？[1] 最后，关于我自己的目前方式和我们的现代自我关系，我们会说些什么呢？**我们的四个褶子是什么？**如果真实是权力越来越围困我们的日常生活、内在性和个体性，权力使自我个体化，真实是知识自身越来越具有个体性而形成对肉欲主体的解释和法典编纂，那么什么东西因我们的主体性而止步呢？肉欲主体从不"止步"于主体，因为它每次都如同反抗中心那样根据褶子方向而行动，犹如反抗中心，褶子使知识主体化，使权力屈服。现代主体性重新发现了身体和快感以反对过分服从戒律（Loi）的肉欲吗？但这不是回返到希腊人那里去，因为从来不就存在回返。[2] 为现代主体性而作的斗争经历了对如下

---

　　[1]《快感的享用》，第 V 章，关于柏拉图的那一章。

　　[2]《知识意志》已经指出，身体及其快感，换言之，即"无性性欲"，曾是"反抗""性"机构的现代方式，这种方式把肉欲和戒律联系起来（第 208 页）。但这只是部分而暧昧地回返到希腊人那里；因为身体及其快感在希腊人那里转向自由人之间的竞技关系，因而转向排斥女人的单性的"男性社会"；然而，我们明显在寻找适宜于我们社会的新型关系。参见福柯的论述，载《米歇尔·福柯——哲学之路》，第 322—331 页，关于轮回的假观念。

两种目前服从形式的抵抗：一种旨在根据权力需要而使我们具有个性，另一种旨在把每一个体和众所周知、一劳永逸、确定不移的身份结合在一起。为主体性作的斗争表现为差异权、变异权、变形权。[1] [我们在此增加问题，因为我们触及福柯的未刊手稿《肉体的坦白》(Les Aveux de la chair) [2]，甚至更多及他后期的研究方向。]

在《快感的享用》中，福柯没有发现主体。其实，他已把它规定为派生物，即陈述的派生函项。但是，福柯现在把它确定为外部的派生物，与此同时，在褶子条件下，他在为主体提供不可消除的维度的同时，又为其提供丰富的外部。因此，对于最一般的问题，我们获得了一些答案的要素：如何给既不再是知识又不再是权力的自我关系这一新维度命名呢？自我对自我的情动是快感（快乐）或者更是肉欲（欲望）吗？或是作为快感或肉欲行为的"个体行为"吗？我们只有注意第三个维度在长时期中延伸到何种程度，才会找到确切的术语。外部褶皱的出现好像能够适宜于西方构成。可能东方不表现这样的现象，外部界线通过令人窒息的空隙处于漂浮状态：禁欲在当时是一种颓丧文化或者为了在空隙呼吸而无特殊的主体性产物的结果。[3] 力量折叠的条件好像与自由人的竞技关系即与希腊人一同出现。正是在此，在其与另

---

[1] 德赖弗斯和拉比诺：《米歇尔·福柯——哲学之路》，第302—303页。

[2] 该书法文版于2018年2月由伽利玛出版社出版。——译注

[3] 福柯从未自认为有资格论述东方构成（formations orientales）。他敏锐地暗示中国人的"房中术"（ars erotica），时而区别于我们的"性知识"（scientia sexualis）(《知识意志》)，时而区别于希腊人的审美生存（existence esthétique）(《快感的享用》)。问题是：从东方技术角度看，存在着自我（Soi）或主体化过程吗？

一股力量的关系中，力量折叠于自我。但是，如果我们从希腊人
出发，那么主体化过程还是它占有至今的长时期。福柯越来越把
权力图表看作一些突变场所，重视短时期的知识档案，这种年表
更加引人注目。[1] 如果我们追问为什么存在这种与《快感的享
用》一起的长时期的突然引入，或许最简单的理由如下：我们极
速忘记了不再使用的旧有权力，不再有用的知识，可是，在道德
上，我们一直不断受困于我们不再相信的旧信仰，也一直不断作
为主体以不适合我们问题的老方式而出现。这促使安东尼奥尼 [2]
对电影艺术家说：我们都是**情欲**病夫（malade d'Eros）……一切
都像长寿的主体化方式一样发生，我们继续冒充希腊人或者基督
教徒，据此，我们的兴趣在于回返……

然而，存在着更深刻的积极理由。这是因为褶皱自身，即重
叠，是一种**记忆**（Mémoire）："绝对记忆"或外部记忆，超过处
于积层和档案里的短暂记忆，超过还用于图表的遗迹。希腊人的
审美生存基本上激起未来的记忆，主体化过程迅速引起建构真正
记忆的书写，即"个人笔记本"（hypomnemata）[3]。记忆是自我关
系或自我对自我的情动的真名。依康德看来，时间是形式，在这
一形式之下，精神自身影响自身；一切如空间那样皆是形式，在

---

[1] 关于与系列（séries）相称的历史长时期和短时期问题，参见布罗代尔：
《论历史》，弗拉马里翁出版社。在《知识考古学》第 15—16 页，福柯指出，认
识论绵延（durées épistémologiques）必定短暂。

[2] 安东尼奥尼（Michelaugelo Antonioni，1912—2007），意大利电影艺术家、
导演。——译注

[3] 《自我的关切》，第 75—84 页，又参见德赖弗斯和拉比诺：《米歇尔·福
柯——哲学之路》，第 339—344 页（关于据受到重视的主体化过程的性质而十
分不同于这种自我文学或这些记忆的功能）。

这一形式之下，精神则受别物影响：因而，在构成主体性的基本结构的同时，时间是"自我情状"（auto-affection[1]）。[2] 但是，时间作为主体，不，确切地说是作为主体化，叫作记忆。与遗忘相对立的，不是这种后来的短暂记忆，而是"绝对记忆"，这种绝对记忆重复现在（le présent），重叠外部（le dehors），与遗忘合成一体，因为它是它自身，并为重新产生而不断被遗忘，其实，绝对记忆的褶子（pli）与去褶子（dépli）混合在一起，因为这个去褶子依然出现在作为被折叠者的褶子之中。唯有遗忘（去褶子）才在记忆（褶子本身）里重新找到被折者。福柯最终发现了海德格尔。与记忆相对立的不是遗忘，而是遗忘的遗忘，遗忘的遗忘在外部废除我们且构成死亡。相反，只要外部被折叠，内部就与它共同扩展，如同记忆与遗忘共同扩展一样。这种扩展性正是生命，即长久绵延。时间成了主体，因为它是外部的褶皱，并且以这种名义使整个现在过渡到遗忘之中，遗忘如同轮回的不可能性，记忆如同重复的必然性。很久以来，福柯一直把外部设想为比时间更深刻的最大空间性；正是福柯后期著作再次指出了在褶子条件下将时间置于外部、把外部设想为时间的可能性。[3]

福柯与海德格尔的较量正基于此："褶子"一直贯穿于福柯

[1] 法文词"auto-affection"，也可译为自发感触、自我触发、自我感情、自我感动、自我影响。其中的"affection"，对应于拉丁语词"affectio"，又译为"感情"。——译注

[2] 这是海德格尔在其对康德的解释中的一个主要主题。关于福柯倚仗海德格尔而作出的最后声明，参见1984年6月28日《新闻》。

[3] 正是外部和外在性主题似乎首先把空间优先性强加于时间，如同《词与物》第351页所表明的那样。

著作，却在晚期研究中找到了自己的正确方向。他与海德格尔之间有何种相似和差异呢？只有福柯与"普遍"意义上的现象学（即意向性）的决裂作为出发点时，我们才能对它们进行评估。意识涉及事物并且在世界之中被表示出来，这就是福柯所拒绝的。其实，意向性为超越整个心理主义与自然主义而设定，但是它发明了新的心理主义和新的自然主义，以致困难地区别于"学习"(learning)，正如梅洛-庞蒂自己所言。意向性复兴意识综合和意义的心理主义与"野性经验"和世间事物、事物自由存在的自然主义。因此，这是福柯的双重拒绝。的确，只要我们停留于词语和语句，我们便能相信意向性，通过意向性，意识涉及某物并且被作为能指表示出来；只要我们停留于事物和事物状态，我们便能相信野性经验，野性经验通过意识而让事物自由自在。但是，现象学所依赖的"放进圆括弧"（置于一旁）应当推进意向性，超越接近**陈述**（énoncés）的词语和语句以及接近**可见性**（visibilités）的事物和事物状态。不过，陈述什么也不涉及，因为它们与某物没有联系，不再表达主体，然而仅仅依赖语言、存在—语言，语言与存在—语言为陈述提供了作为内在变项的恰当而充分的对象和主体。可见性不在野性世界中展开，这个野性世界曾经展现了原意识（前谓词意识），但是仅仅依赖光线、存在—光线，存在—光线为可见性提供了整个意向性方向的严格内在而自由的形式、范围与观点。语言和光线在彼此相联的各个方向（表示、意义、语言意义；物理环境、感性或心智世界）上都没有受到重视；但是在不可克服的方向上受到重视，这一方向把语言和光线提供给每个方向，每个方向都是充分的，并且与另一个方向分离，即光线的"有"与语言的"有"。整个意向性在两个单子之间的巨口里或者在看与说之间的"非关系"之中。这是福柯的重要转变：在认识论上改造现象。因为看与说是知，但我们看不到我们所说并且不谈论我们所见；我们看见一只烟斗时，我们将不断地说（以几种方式）"这不是一只烟斗……"，正如意向性自我否定、自我倾覆一样。一切皆知识，这是不存在野性经验的首要理由：在知识之前和知识之下，什么也没有。但是知识不可避免地具有两重性，即说与看，语言与光线，这就是不存在意向性的原因。

然而，一切都在这儿起步，因为在现象学这一方面，为了消除继续增加现象学负担的心理主义与自然主义，它自身曾经超越过那作为意识及其对象［存在者（étant）］间关系的意向性。首先在海德格尔著作里，后来在梅洛-庞蒂著作里，意向性超越朝向**存在**（Être），即**存在**褶子（pli de l'Être）。从意向性到褶子、从存在者到存在、从现象学到本体论，海德格尔的门徒们使我们懂得本体论曾与褶子多么不可分离，既然**存在**（Être）曾经恰恰是褶子，褶子是存在与存在者共同形成的，作为古希腊人的开启行为，存在的展开不是褶子的反面，而是褶子自身、**裂口**（Ouvert）的接合线、揭蔽—遮蔽的奇异性。存在的褶痕保留得比较模糊，存在与存在者的褶子取代了意向性，这只是为了构建意向性。这指明了基本而垂直的可见性如何折叠成**自见者**（Se-voyant），从见者与被见者的水平关系建立开始，它又如何成为可能，这是梅洛-庞蒂的责任。**外部**（Dehors）比整个外部世界都更加遥远，它"弯曲""折叠""对折"**内部**（Dedans），比整个内部世界都更加深，唯有使内部世界与外部世界的派生关系成为可能。甚至正是这种扭曲在固有的身体及其对象之外确定"**肉体**"

（Chair）。简而言之，存在者的意向性超越存在褶子和作为褶子的**存在**［Être（相反，萨特保留了意向性，因为他满足于在存在者之中掘"洞"，而未触及存在的褶子）］。意向性还产生于欧几里得空间，该空间有碍于意向性自身得到理解，意向性应当在接近另一种空间即拓扑空间的地方被超越，拓扑空间使**外部**（Dehors）和**内部**（Dedans）、最远处和最深处发生联系。[1]

无疑，对萦绕他的主题：褶子，即衬里（doublure），福柯在海德格尔、梅洛-庞蒂著作里得到了很大的理论启发（inspiration théorique）。他还在雷蒙·鲁塞尔作品里找到了褶子的实践运用（exercice pratique）：这一实践运用建立起本体论**可见性**（Visibilité ontologique），并且在异于凝视及其对象维度的维度里，总是转化为褶子的"自见者"。[2] 我们同样可对海德格尔和雅里 [3] 加以比较，如果**荒诞形而上学**（pataphysique）[4] 确实表现为明确建立在现象存在基础上的形而上学超越。然而，如果我们把雅里或鲁塞尔视为海

---

[1] 关于褶子、交织花体字或交错配列法、"可见者自我的轮回"，参见梅洛-庞蒂：《可见者与不可见者》，伽利玛出版社。"著作注释"强调在构成拓扑学的垂直维度上超越意向性的必要性（第263—264页）。这种拓扑学包含着梅洛-庞蒂对作为转变之地的"肉体"的发现［据迪迪耶·弗兰克（Didier Franck）的《海德格尔与空间问题》（午夜出版社），在海德格尔著作里已存在这一发现］。这就是为什么我们得以设想"肉体的坦白"分析，例如福柯在该部未刊手稿里进行了这种分析，反过来涉及"褶子"（道成肉身）的全部问题，同时从性欲史的观点看着重指出了肉体的基督教起源。

[2] 《雷蒙·鲁塞尔》第136页强调了这个方面，这是在凝视经过笔杆里插入的透镜的时候："存在内部的节日……凝视外部的可见性，如果我们经过透镜或缘饰通向可见性，这是为了将凝视搁置起来……在过度宁静中，存在必不可少……"

[3] 雅里（Alfred Jarry, 1873—1907）：法国作家。——译注

[4] 法文词"pataphysique"，也可译作"荒诞玄学"或"超然科学"，旨在讽刺科学思想和科学著作，为法国超现实主义作家雅里所倡导。——译注

德格尔哲学的实现，这不意味着褶子产生并居于另一种景象之中而
具有另一层意义吗？问题不在于忽略海德格尔的重要性，而在于重
新找到鲁塞尔（或雅里）的绝对重要性。本体论的重要性需要恶魔
般的或现象学的幽默。其实，我们认为作为福柯衬里的褶子将具有
全新的外形，同时完全保持着它的本体论意义。首先，依据海德格
尔或梅洛-庞蒂的观点，存在的褶子只是为了在另一个维度中建立
意向性才超越意向性：因为褶子不会构成视界的自见者，也不构成
语言的自说者，以至于在语言里被说者与在视界里被见者是同一个
世界，它在语言里自说，在视界里自见。因此，**可见者**（Visible）
或**裂口**（Ouvert）不指向看，也不指向说。在海德格尔和梅洛-庞
蒂著作里，光线展示了说，也同样展示了看，正如意义萦绕着可见
者，可见者低声言说意义。[1] 这在福柯著作里是不可能的，对于福
柯来说，**存在—光线**（Être-lumière）只依赖可见性，而**存在—语言**
（Être-langage）只依赖陈述：褶子不会重新建立意向性，因为意向
性在非意向性知识的两部分之间的分离中消逝。

　　如果知识由两种形式（formes）构成，那么既然每一形式
都有其客体和主体，主体朝向客体的意向性又如何存在呢？[2]
然而，这两种形式间的关系完全应该确定，并且从它们的"非
关系"中摆脱出来。知识是存在，这是存在的最初形象，存在
却处于两种形式之间。这不等于海德格尔所说的"间隙"（entre-

---

　　[1] 据海德格尔看来，澄明（Lichtung）不仅是针对光线和可见者的裂口，而
且是针对噪子和声音的裂口。在梅洛-庞蒂著作里同样如此，第 201—202 页。
福柯回避了这一连接总体。
　　[2] 例如，不存在为疯狂且为"意识"所追求的客体。而疯狂随着不同时代甚
至一个时代的开端以各种方式为人所见，还以别的方式被陈述。我们看不见相
同的狂人，不陈述相同的疾病。参见《知识考古学》，第 45—46 页。

deux），不等于梅洛-庞蒂所说的"交织花体字或交错配列法"（entrelacs ou chiasme）。事实上，这是完全不同的东西。因为对梅洛-庞蒂来说，交织花体字、间隙与褶子相混同。但对福柯来说，不是这样。存在着某种交织，即可见者与可述者的交织：正是这种柏拉图织造模式（modèle platonicien du tissage）取代了意向性。可是，这种交织是一种束缚，一种不可消除的敌对双方的斗争以及存在—知识（Être-savoir）的两种形式：如果我们有所期待，这便是一种意向性，却是可逆转的，并在这两个方向上得到增加，进而成为极小的或微小的。这还不是存在的褶子，而是两种形式的交织。这还不是褶子拓扑学，而是交织策略。一切都像福柯指责海德格尔和梅洛-庞蒂进展过快那样发生。他在鲁塞尔那里获得的、以另一种方式在布里塞那里找到的，以及能在雅里和马格利特那里发现的，是视听之争、双重俘获、获得可见者的词语之音、赢得可述者的万物狂暴（fureur des choses）。[1] 在福柯著作里，一直存在着改变整个本体论的**复本**（Doubles）和衬里（doublure）的幻觉主题。

然而，如果反对者的纠缠不来自非形式要素自身，即出现在不可消除的形式分离中的纯粹力量关系，那么这种**存在—知识**（Être-savoir）构成的双重俘获不可能产生于不可克服的两种形式的缝隙处。这里正是战斗的源泉或其可能性条件。这里正是权力的策略领域，这一领域有别于知识的层叠领域。这是从认识论到策略的飞跃。另一种理由是没有"野性"经验，因为战斗意味着

---

[1] 正是在布里塞著作里，福柯找到了战斗的最大发展："他试图恢复声音的词语，声音已使词语产生，把动作、袭击、暴力搬上舞台，词语构成目前静悄悄的动作、袭击、暴力纹章。"（《逻辑语法》，卷 XV）

策略，一切经验都用于权力关系之中。这是存在的第二种现象，即"权力存在"（Possest [1]），即**存在—权力**（Être-pouvoir），有别于**存在—知识**（Être-savoir）。这是非形象的力量或权力关系，这种关系建立了两种成形的知识形式"之间"的关系。**存在—知识**（Être-savoir）的两种形式是一些外在性形式，因为陈述消散于一种形式之中，可见性则消散于另一种形式之中；然而，**存在—权力**（Être-pouvoir）把我们引入不同环境，这一环境就是不可建立、非成形的**外部**（Dehors），力量及其易变的组合来自此。这种存在的第二种形象还不是褶子。更恰当地说，这是一条飘动的线，它不构成线条，唯能使两种形式处于战斗中。在福柯那里一直存在的赫拉克利特主义比海德格尔的赫拉克利特主义深刻得多，因为现象学归根结底过于温和，赞美了过多的事物。

因而，福柯发现了来自外部的要素，即力量。福柯与布朗肖一样，会较少谈论**裂口**（Ouvert），而较多谈论**外部**（Dehors）。力量与力量相关，而后者是外部的力量，因此，正是外部"解释"形式的外在性，既针对每一形式又针对它们的相互关系。这里显示出福柯宣言的重要性，当他指出海德格尔总是使外部具有迷惑力，但他只能通过尼采、与尼采一起（并非相反）才能理解它。[2]海德格尔是尼采的可能性，而不是相反，尼采却不期待他自身的可能性。应该在尼采哲学意义上重新找到力量，即"权力意志"的如此意义上的权力，以发现这个作为极限的、最大境域的外部，

---

[1] Possest 一词是由拉丁语词 possum（权力）与法语词 être（存在）现在时第三人称单数 est 合成，意即"权力存在"。——译注

[2] "我的整个哲学生成取决于我对海德格尔的解读。我却认识到这受益于尼采……"（《新闻》，40）。

存在从此开始发生弯曲。海德格尔冲得过猛，折叠过快，这并非所愿：因此，存在着技术本体论和政治本体论的深刻含糊性，存在着知识技术与权力政治。存在的褶子过去只能产生于第三种形象层面：为了自我针对自我的情状（affection），自我通过自我的情动（affect），以致外部通过它自身构成同外延的内部，**力量**（la force）会发生折叠吗？希腊人所为不是奇迹。在海德格尔那里，存在着勒南层面，即希腊光线观念和希腊奇迹观念。[1] 福柯说：希腊人所为更少或更多，任您选择。他们使力量屈服，发现了作为能被折叠的某物的力量，这仅仅通过策略发生折叠，因为他们建立了力量关系，这种关系经历了自由人之间的竞争（只要能治理自我就能治理他者……）。但是，力量就在所有力量之间，人不折叠构成人的力量，而外部不自我折叠，不在人之中挖掘**自我**（Soi）。来自第三种形象的东西恰恰是这种存在褶子，当一切形式都已交织，一切战斗都已发生：于是，存在不再形成"知识存在"（Sciest [2]），也不形成"权力存在"（Possest），但形成"自我存在"（Se-est [3]），如果外部褶子构成**自我**（Soi），外部自我就构成同外延的内部。应当经由积层—策略交织来获得本体论褶子。

这完完全全是不可消除的三个维度，具有恒定的内容，即知识、权力和自我。这是三大"本体论"。福柯为什么补充说它

---

[1] 在勒南（Ernest Renan）著作里，引人注目的是，《雅典古卫城祷告》阐述主要涉及回忆的"希腊奇迹"的方式与有关遗忘的回忆，而遗忘在烦恼（改变方向）的时间结构中同样是基本的。宙斯自身通过褶痕得以确立，同时"在自身折叠和深深显示出来之后"产生**智慧**（Sagesse）。

[2] Sciest 一词由拉丁语词 scientia（知识）与法文词 être（存在）现在时第三人称单数 est 合成，意即"知识存在"。——译注

[3] Se-est 一词由拉丁语词或法语词 se（自我、自己）与法文词 être（存在）现在时第三人称单数 est 合成，意即"自我存在"或"自己存在"。——译注

们是历史的呢？[1] 因为它们并不规定普遍条件。存在—知识取决于可见者与可述者在某时采用的两种形式，光线和语言与"特殊而有限的存在"不可分，光线和语言在某一积层上拥有这种存在。存在—权力在力量关系中是确定的，力量关系自身经历每个时代变化无常的奇异性，自我，即存在—自我（être-soi），由主体化过程决定，也就是说由褶子经过的场所决定（希腊人一点也不具有一般概念）。总之，所有条件都从来不比受条件限制者更具有一般性，并且通过其自身的历史奇异性显示出价值。条件也不是"必然的"，而是可疑的。作为条件，它们不是历史地发生变化的；但它们**与历史一起**（*avec* l'histoire）发生变化。事实上，它们所表现的，是在这样的历史构成中提出问题的方式：我能知道什么，或者在这种光线和语言的条件下，我能看见和陈述什么？我能做什么，追求什么，反对什么阻力？我能成为什么，什么褶子与我接近，或者如何把我视为主体？在这三大问题中，"我"不意味着一般概念，而是在**人们说—人们看**（On parle-On voit）、**人们冲突**（On se heurte）、**人们生活**（On vit）之中代表被占据的特殊地位总体。[2] 从一个时代到另一个时代，没有什么解决方案是可转移的，但是，可能存在可疑领域的侵越或穿透，可疑领域使老问题的"论据"在另一个问题里被复活。（在福柯著作里，也许还存在着一位希腊人，即在快感的"问题化"中充满某种信心……）

---

　　[1] 参见德赖弗斯和拉比诺：《米歇尔·福柯——哲学之路》，第 332 页。

　　[2] 关于福柯的三大"问题"，显然能够与康德的三大问题进行比较，参见《快感的享用》，第 12—19 页（并参见德赖弗斯和拉比诺：《米歇尔·福柯——哲学之路》，第 307 页，福柯在此赞赏康德不仅提出一般主体的问题，而且提出"我们在历史确定时刻是谁？"这一问题）。

总之，恰恰是实践建构了过去与现在的唯一连续性，或者，相反，建构了现在解释过去的方式。**如果福柯的访谈录完全是其作品的一部分**（Si les entretiens de Foucault font pleinement partie de son œuvre），那么是因为它们将其每本书的历史性问题化延伸到实际问题（疯狂、惩罚或者性欲）的构成。什么是直接而横向的而不是集中而间接的新战斗？什么是特殊的或"奇异的"而非普遍的新式"知识分子"作用？什么是没有同一性，而不是等同的新主体化方式？这是**我能做什么，我知道什么，我是什么**？（Que puis-je? Que sais-je? Que suis-je?）等问题的三重现实根源。1968 年发生的事件曾是这三大问题的"重复"。[1] 什么是我们的光线和我们的语言，也就是说，什么是我们今日的"真理"？今日，我们不能满足于认为旧式战斗不再

[1] 在辨识某些分析中，我们认为，在巴黎知识分子头脑中，1968 年已经翻页。因此，必须提醒这是一长串世界事件和一系列国际思潮的产物，而国际思潮早已将新斗争形式的出现与新主体性的产生结合在一起，这一产物会仅仅存在于集中制批判和关涉"生命质量"的定性要求之中。在世界事件方面，我们简要引证了斯拉夫工人自治经验、越南战争、阿尔及利亚战争、"新生阶级"现象（新工人阶级）、新的农业或学生工团主义、所谓制度精神病学和制度教育学中心，等等。在思潮方面，也许应该追溯到卢卡奇，其《历史和阶级意识》已经提出了新的主体性问题；然后是法兰克福学派、意大利马克思主义和"自治"的最初根源（特龙蒂），围绕着萨特关于新生工人阶级的反思［高兹（André Gorz）］以及对**"社会主义或野性"**的派别、**"境遇主义"**和**"共产主义道路"**（特别是费利克斯·瓜塔里和"欲望微观政治"）所作的反思。潮流与事件不断地互相影响。1968 年以后，福柯亲身通过监狱调查组和监狱斗争重新发现了新的斗争形式问题，在《监视与惩罚》写作过程中创立了"权力微观物理学"。当时他被引向以十分新颖的方式思想和生活，起着知识分子的作用。然后，他会触及新主体性问题，从《知识意志》到《快感的享用》，他改变了这一新主体性的论据，此次或许与美国运动有关。关于斗争、知识分子与主体性之间的关系，参见德赖弗斯和拉比诺《米歇尔·福柯——哲学之路》中福柯本人的分析，第 301—303 页。福柯对新共同体形式的兴趣，当然是基本的。

有价值，应该面对何种权力？我们的反抗力是什么？也许我们尤其不参加、不参与"新主体性的生产"？资本主义的转变在作为反抗中心的新**自我**（nouveau Soi）渐变之中找不到意外的"面对面"吗？每次都存在社会转变，难道不存在主体调整运动及其暧昧和潜力吗？这些问题，包括纯粹权利问题，可被视为比普遍人权参照更为重要。在福柯著作里，一切都可变，一切皆变：知识的变项（比如作为陈述的内在变项的客体和主体）和形式关系的变化；权力的可变奇点和力量关系的变化；可变主体性与褶子变化或主体化变化。

然而，如果所有条件都真的不比受条件限制者更为一般或更为恒定，那么福柯感兴趣的却恰恰是条件。这就是为什么他说：是历史上的研究而不是史学家的工作。他不研究精神状态的历史，而研究精神条件史，在精神条件下，具有精神存在（陈述和语言体制）的一切都展现出来。他不研究行为史，而研究行为条件史，在行为条件下，具有可见性存在的一切都在光线体制之下显示出来。他不研究制度史，而研究制度条件史，在制度条件下，制度在社会领域层面整合力量的微分关系。他不研究私生活史，而研究私生活条件史，在私生活条件下，自我关系建构了私生活。他不研究主体史，而研究主体化过程史，它处于褶皱之下，褶皱在本体论领域和在社会领域一样发生作用。[1] 的确，有某种东西萦绕着福柯，这就是思想，"思想意味着什么，人们把什么叫作思想"？海德格尔提出的问题，福柯又重新提出，成为

---

[1] 参见《快感的享用》，第15页。关于福柯、历史和条件，最深入的工作是保罗·韦纳（Paul Veyne）的研究，《福柯革新史学》，载《我们如何书写史学》，瑟伊出版社（特别是关于"不变量"问题）。

一根典型的箭。这就是历史，却是这种思想的历史。思想，就是实验，就是质疑。知识、权力和自我是思想问题化的三重根源。首先，根据作为问题的知识，思想就是看和说，但思想产生于间隙处，产生于看和说的空隙或分离处。这是每次都发明交织，每次都发射一方之箭以抵御另一方之靶，在词语中使光闪闪发亮，在可见物里使人听到叫声。思想，使看（观看）达到其特有的极限，使说（言说）达到自己的特有极限，以致看与说是共同的极限，这一极限在分离它们的同时又把它们联系起来。

继而，根据作为问题的权力，思想，是传播奇点，是掷骰子。掷骰子的事所表达的是，思想总是来自外部（外部已经深深陷入空隙或者建构了共同极限）。思想既不是天生的也不是后天的。这不是能力的天生训练，但也不是在外部世界建构起来的学习（learning）。阿尔托 [1] 用"生殖者"即这种思想的生殖性反对天生和后天，而思想来自比外部世界更遥远，因而比内部世界更迫近的外部。应该把这个外部叫作偶然吗？[2] 其实，掷骰子的事表达了力量关系或最简单的权力关系，权力建立于乱置的奇点（骰子面的数目）之间。力量关系，正如福柯所理解的那样，不仅仅涉及人，而且涉及在它们的偶然抽签里或者在它们的有趣东西里、在据语言而成的组合频率里的因素和字母表字母。偶然只对第一次掷骰子有用；也许第二次掷骰子产生于那些由第一次部分地决定的条件中，正如在马尔科夫系列即部分的重新连接的系列里一样。外部就是这个东西：不断重新连接随机和相关混合中偶

---

[1] 阿尔托（Antonin Artaud，1896—1948）：法国作家。——译注

[2] 尼采—马拉美—阿尔托三位一体，已被援用，特别是被援用于《词与物》末尾。

然抽签的线条。因此，思想在此获得新的形象：抽出奇点，重新连接抽签；每次都创造系列，这些系列从一个奇点的近邻关系过渡到另一个奇点的近邻关系。存在着形形色色的奇点，总是来自外部：权力奇点用于力量关系之中；反抗奇点，它们准备突变，甚至**野性**奇点（singularités sauvages）也被悬搁于外部，既不发生联系又不任凭融合……（在这里，"野性"仅仅具有一层含义，不是作为经验，而是作为尚未进入经验中的东西。）[1]

思想的所有这些规定性都已经是其行为的最初形象。在长时期内，福柯都未认为思想还可成为别物。既然思想自身什么也找不到，除了它所依和作为"否思"（impensé）所居的外部，思想又如何发明道德呢？这种**决心**（Ce Fiat）！它事先撤销了一切命令。[2] 然而，福柯预感到陌生而最新的形象的出现：如果这个比整个外部世界都更加遥远的外部也比整个内部世界都更加接近，那么难道这不表明思想在发现作为其自身否思的外部时产生自我影响吗？"它不能发现否思……而不使否思立刻靠近自我，或者也许尚未远离它，无论如何，人的存在事实上甚至还没有变质，既然它在这一距离之中展开。"[3] 这种自我影响（自我情状），即远近转变，将越来越具有重要性，与此同时，建构**内部**

---

[1] 参见《话语秩序》，第37页，在此，福柯援用了"野性的外在性"，并以门德尔（Johann Gregor Mendel）为例，门德尔运用他那个时代的生物学确立了对象、概念和不可同化的方法。这与不存在野性经验的观念一点也不矛盾。没有矛盾，因为一些经验都必须以知识关系和权力关系为前提。不过，确切地说，野性奇点（野性的奇异性）在知识和权力之外、在它们的"边缘"重新出现，因此，科学无法对它们加以确认（第35—37页）。

[2] 胡塞尔在其思想中把"决心"作为掷骰子的事或点子方位加以援用：《纯粹现象学通论》，伽利玛出版社，第414页。

[3]《词与物》，第338页（并参见对胡塞尔现象学的评论，第336页）。

空间（espace du dedans），这一内部空间在褶子线条上与外部空间共同在场。可疑的否思让位于思想存在，思想存在自我问题化，它作为伦理主体（在阿尔托著作里，是"天生生殖"，而在福柯著作里，是自我和性欲的交会）。思想是折叠，是并合内部的外部，内部与外部同外延。普遍的思想拓扑学已经始于奇点的"近邻"，目前在从外部到内部的褶皱里完成："在外部的内部，反之亦然"，这曾为《古典时代疯狂史》所指出。我们可以指明整个构造（区分和融合）都必以绝对的外部和内部的最初拓扑学结构为前提，这个结构对一些相对居中的外在性和内在性进行归纳：整个内部空间在拓扑学上与外部空间有关，除了距离之外并且处于"活人"的极限；肉体拓扑学或生命拓扑学，远未通过空间得到解释，它解放一种时间，时间把过去压缩到内部，使将来偶然发生于外部，并且把过去和将来同活生生的现在的限度加以对照。[1] 福柯不再仅仅是果戈理意义上的档案保管员、契诃夫[2]意义上的地图绘制者，而且是像别雷[3]在小说名作《彼得堡》中那样的拓扑学家，这部小说使皮层褶皱成为外部和内部的转化：城市与中枢的应用只在第二空间互为反面。福柯正是以这种方式理解衬里或褶子，这种方式与海德格尔不再有任何牵扯。如果内部通过外部的褶皱而建构起来，它们之间存在着一种拓扑学关系：自我关系与外部关系是对等物，两者通过成层的中间状态发生联系，积层是相对外在的（因而相对内在）环境。正是整个内部在积层界线上的外部积极出现。内部以某些方式压缩过去（久久绵

---

[1] 参见西蒙顿：《个体及其物理生物起源》，法国大学出版社，第258—265页。
[2] 契诃夫（Anton Pavlovitch Tchekhov，1860—1904）：俄国作家。——译注
[3] 别雷（Andreï Biély，1880—1934）：俄国作家。——译注

延），这些方式绝不具有连续性，并把过去和来自外部的将来相对照，对过去进行交换和重建。思想，就是栖居于当下充当限度的积层之中：今天，我能看到什么？能说什么？但这像过去凝结于内部那样在自我关系中思考过去。（在我之中有一位希腊人或者一个基督教徒……）思考过去，而反对现在，抵抗现在，不是为了复还，但是"考虑到有待来临的时间，我希望"（尼采），即是说，把活生生的、现在的过去还诸外部，以便某种新物最终到来，以便思考总是会走近思想。思想思考其自身的历史（过去），却为了摆脱它所思（现在），最后能"别样地思考"（将来）。[1] 这就是布朗肖所说的"外部激情"，力量只趋向外部，因为外部自身已经成为"深处"，即"侵入"。[2] 拓扑学的三种要求相对独立，总是互换。不断产生层理是成层的义务，层理使人看到或言说某种新东西。况且，重新使确定的力量成为问题是外部关系的义务，最后，呼唤和产生新的主体化方式是自我关系的义务。福柯著作与各种名著重新发生关联，而名著都为我们改变了思想的意思。

1.外部线条　2.策略地带　3.积层　4.褶子（主体化地带）

福柯图

---

[1] 参见《快感的享用》，第15页。

[2] 布朗肖：《无限的对谈》，第64—66页。

"我从来都只写出了一些虚构作品……"虚构作品却从未产生过那么多真理和现实。我们如何叙述福柯的重要虚构作品呢？世界由重叠的表面、档案或积层构成。世界也是知识。积层却横穿于中心裂缝之间，这条中心裂缝把可视画面分散到一边，把声音曲线分散到另一边：每一积层的可述者与可见者是两种不可消除的知识形式，**光线**（Lumière）和**语言**（Langage）是两种外在性大环境，可见性与陈述分别积淀其中。于是，我们卷入双重运动之中。我们隐没于积层与积层、带子与带子之间，穿过表面、画面和曲线，紧随裂缝，以试图深入到世界内部：正如梅尔维尔所言，我们寻找着处于中心的房间，这里充满渺无人烟的恐惧，人的灵魂显露不出一个无边无际而可怕的虚空（谁梦想去档案里寻找生命）。但同时，我们力图升到积层之上，以抵达外部、大气层、非成层实体，这一非成层实体能够说明两种知识形式如何能够在从裂缝的一边到另一边的每一积层上相互缚紧、相互交织。否则，这两个档案部分可以相通，陈述来自画面之下，画面说明陈述吗？

这种非形式的外部，是一场战斗，如同喧闹和骚动区，在其中，一些奇点和它们之间的力量关系起伏不定。一切积层只使可视尘埃和战斗回声汇集和凝固，战斗在积层上展开。然而，在积层之上，奇点不具有形式，也没有可见的形体和说话者。我们进入了非确定性复本与部分死亡的领域，即出现与消散的领域（比沙地带）。这是一门微观物理学。我们站在积层之上，如福克纳所言，不再像人，却像两只尺蛾或两片羽毛，彼此不可见且隐隐约约，"在喊叫'打死下流胚！杀！杀！'的时候，我们投身到狂烈而慢慢消散的风尘云端"。纳入种种关系中的力量或奇点的图表与这一地带的每一大气态都相符合，这就是策略。如果积层源于大地，那么策略便是空中的或海洋的。可是，在积层中现实化是策略的责任，在档案中现实化是图表的责任，成层是非成层实体的责任。现实化既是融合（整合 / 积分）又区分（差异 / 微分）。非形式力量关系在创造两种性质不同的形式（即曲线形式和画面形式）之时相互区别，曲线形式穿过奇点（陈述）附近，画面形式把奇点分散成光线形状（可见性）。所有力量关系都同时准确融入这两者（从分化的一边到另一边）间的形式关系之中。因为所有力量关系都忽略了裂缝，这一裂缝只始于力量关系之下和积层之中。在积层中实现时，力量关系能挖凿这条裂缝，并且，在不断整合的分化时，又在两个方向上从上面跳过。

力量总是源于外部，源于比整个外在性形式更加遥远的外部。也不仅仅存在被掌握在力量关系中的奇点，而且存在反抗奇点，能够改变这种种关系，将它们颠倒，改变非稳定性图表。甚至还存在着一些野性奇点；在外部自身线条上还没联系起来，这些奇点正好在裂缝上方翻腾。这是可怕的线条，在风暴本身之上，它搅乱一切图表；梅尔维尔线条在自由的两端掩盖着复杂迂回中的整只小船，在适当时候，沉湎于极难看的扭曲形态，在这一线条逐渐放出时，总有可能把人卷走；或者米肖[1]线条"在无数次反常"时日益高速增长，这是"狂怒的大马车夫皮鞭的鞭身"。可是，这线条如此可怕，它是一条生命线条，它不再与力量关系较量，把人带离恐惧。因为对于裂缝，线条产生环状物，即"旋风中心，这里可居，乃至极好的**生命**（Vie）就在这里"。这如同短暂的加速度构成更长期的

---

[1] 米肖（Henri Michaux，1899—1984）：法国诗人。——译注

"缓慢存在"，也如同松果体，在不断恢复，在改变其方向，勾画出与整个外部线条同广延的内部空间。最遥远者因转变成最近者而成为内在的：**褶子中的生命**（la vie dans les plis）。这是中心房间，人们不再担心其空，既然要把自我置入其中。人们在此成为其速度的主宰，相对而言，成为其分子与奇点的主宰，在此主体化地带：宛若外部之内部的小船。

附录 关于人之死与超人

　　福柯的总原则是：一切形式都是力量关系的复合体。有些力量是给定的，因而，我们将首先寻思它们与何种外部力量有联系，继而寻思何种形式来自它们。它们就是人的力量：想象力、回忆力、构思力、意志力……我们会提出反对意见说，这样的力量必须早就以人为前提；但如同必须以形式为前提一样，这并非真实确切。人的力量仅仅以地点、应用点、存在者区域为前提。同样，动物的力量（流动性、应激性……）尚未预先假设任何确定形式。关键在于弄清人的力量与何种其他力量在这种或那种历史构成上建立联系，弄清何种形式是这种力量复合体产生的结果。我们能够早就预料到，人的力量并不必然属于**形式—人**（forme-Homme）的构成，但可能别样地注入别的复合体和形式之中：甚至在短期内，**人**（Homme）并不总是存在，也不会总是存在。为了**形式—人**（forme-Homme）的出现或显露，人的力量必须与那些十分特殊的外部力量相适应。

135

一、"古典的"历史构成

古典思想以其思考无限的方式而认出自己所处的位置。因为在一种力量中的全部现实即是"同等的"完美，因而可以无限提高（无限完美），剩余物就是限制，唯有限制，别无一物。例如，构思力是可以无限提高的，因而人类知性仅仅是无限知性的限制。当然存在着一些十分不同的无限性秩序，但仅仅依据限制的性质，限制的性质又加重这样或那样的力量。构思力可以直接被无限提高，而想象力只能包含低劣的或派生的无限秩序。在 17 世纪，对无限和不确定之间的区分并非熟视无睹，却使不确定成为最低限度的无限。要是广延性归于或不归于上帝，知识问题则取决于自在现实之物和限制之物的分布，换而言之，取决于无限秩序，人们能够把知识问题提升到无限。因此，17 世纪最具特色的作品涉及无限性秩序的区别：帕斯卡尔 [1] 的巨大无限和微小无限；斯宾诺莎 [2] 的自我无限、原因无限和有限间的无限；莱布尼茨 [3] 的所有无限……古典思想的确不是从容而具支配性的思想：它不断陷入无限之中；正如米歇尔·塞尔 [4] 所言，它失去了整个中心和整个地盘，它极度不安地试图确定一切无限之间有限的位置，期望将秩序置于无限之中。[5]

---

[1]　帕斯卡尔（Blaise Pascal，1623—1662）：法国哲学家。——译注
[2]　斯宾诺莎（Baruch Spinoza，1632—1677）：荷兰哲学家。——译注
[3]　莱布尼茨（Gottfried Wilhelm Leibniz，1646—1716）：德国哲学家。——译注
[4]　米歇尔·塞尔（Michel Serres，1930—2019）：法国哲学家。——译注
[5]　塞尔：《莱布尼茨体系》，法国大学出版社，第 II 卷，第 648—657 页。

　　总之，人的力量与一些无限提升的力量相联系。这些无限提升的力量完完全全是一些外部力量，因为人是有限的，他无法对这种贯通自己的更为完美的能力加以自我解释。一方面是人的力量复合体，另一方面是人的力量所面对的无限提升的力量，这不是**形式—人**（forme-Homme），而是**形式—上帝**（forme-Dieu）。我们提出反对意见说，上帝不是复合体，而是绝对且无限的统一体。确实如此，但对 17 世纪的所有作者来说，确切地说，**形式—上帝**（forme-Dieu）是可以直接提高到无限的一切力量的复合体（时而是理解力和意志，时而是思想和广延性，等等）。至于其他只可通过其原因或者在有限之间提高的力量，它们不是在实质上而是在结果仍然取决于**形式—上帝**（forme-Dieu），以致我们能从任何一种力量中抽取出上帝存在的证明（宇宙论证明、物理目的论证明……）。由此，在古典的历史构成上，人的力量与一些如此本质的外部力量相联系，复合体是**形式—上帝**（forme-Dieu），一点也不是**形式—人**（forme-Homme）。这就是无限的表象世界。

　　在派生秩序中，关键在于找到不是自我无限的因素，这一因素仍然是无限可发展的，由此进入画面、无限系列、可延性连续之中。这是古典时代甚至 18 世纪的科学性线条：生物"特征"，语言"词根"，财富货币（或土地）。[1] 普遍性在标明无限性秩序时，此类科学是普遍的。同样，17 世纪也没有生物学，而有博物学，它不形成系统，没有成系列地组织起来；没有政治经济学，但有财富分析；没有语文学或语言学，但有普遍语法学。福柯的

────────

[1]《词与物》，第 IV、V、VI 章。

分析会详细说明这个三重面向，并在其中特别发现陈述划分的地方。福柯按照其方法使"考古学土壤"从古典思想中摆脱出来，古典思想使一些意外的相似性出现，并且打破过度期待的演变关系。例如，我们将避免使拉马克[1]成为达尔文的先驱：因为如果拉马克的才华真是在于用几种方法把历史性引入生物，那么这仍然是从动物系列观点看，并且是为了拯救这种受到新因素威胁的系列观念。与达尔文不同，拉马克属于古典"土壤"。[2]确定这一土壤、构成这一巨大的所谓古典陈述族的东西，在功能上，是无限发展、连续构成、表格扩展的操作：去褶（展开），总是去褶（展开）——"解释"。什么是上帝甚至普遍解释即最大展开呢？**去褶子**（dépli）在这里是作为基本概念出现的，这是具体体现于古典构成之中的操作思想的第一个方面。在福柯著作里，"去褶子"一词经常出现。如果临床医学属于这种构成，那是因为它在于展开"往两个方面延伸的海滩"上的织物，在于系列发展无限构成的症状。[3]

二、19 世纪的历史构成

突变由如下这个组成：人的力量与新的外部力量有关，新的外部力量是一些有限力量。这些力量就是**生命**（Vie）、**劳动**

---

[1] 拉马克（Jean-Baptiste de Lamarck，1744—1829）：法国博物学家。——译注

[2]《词与物》，第 243 页。多丹（Henri-Charles Daudin）对《动物分类与动物系列观念》的范例性研究，指明了古典时代的分类如何按照系列得到发展。

[3]《临床医学的诞生》，第 119、138 页。

(travail）和**语言**（Langage）：有限的三重根源，它将促使生物学、政治经济学和语言学的诞生。或许，我们习惯于这一考古学突变：人们往往把这种革命追溯到康德，在康德革命中，"构成限度"取代了原始无限。[1] 限度是构成的，对古典时代来说有什么是更不可理解的呢？尽管如此，福柯还是给予这个图式（schéma）一个更加新颖的元素：当人们仅仅对我们说，人因那些历史上可决定的原因而意识到其自身的限度，福柯坚持有必要引入两个完全不同的时刻。人的力量应该从对抗和紧握作为外部力量的有限力量开始：它正是在自我之外与限度发生冲突。紧接着在第二个时期，它造成了它自身的限度，也必然意识到其自身的限度。当人的力量与源自外部的有限力量相联系时，这等于说，当时，仅仅在某时，力量总体构成**形式—人**（forme-Homme）[而不再是**形式—上帝**（forme-Dieu）]。人的开端（Incipit Homo）。

陈述分析法正是在这儿崭露出一种微观分析，将人们仅仅所见的单一时期区分为两个时期。[2] 第一个时期由如下这些构成：某物中断了系列，打破了连续，系列和连续在表面上不可继续发展。这就仿佛一个新维度的来临，即不可消除的深度，这不可消除的深度旨在威胁无限表现的种种秩序。因朱西厄[3]、维克·达

---

　　[1]　这一主题在维耶曼著作《康德遗产与哥白尼革命》（法国大学出版社）中得到了最精彩的表达。

　　[2]　在《词与物》中，福柯常常提及区分两个时期的必要性，但它们不总是以同一方式被确定：时而在狭义上是物和人，物首先接受自身的历史性，人把第二个时期的历史性归己（第380—381页）；时而在广义上是"外形"，外形先发生变化，然后改变其存在方式（第233页）。

　　[3]　朱西厄（Félix Jussieu，1686—1758）：法国植物学家、医生。——译注

吉尔[1] 和拉马克而出现了植物或动物的协调和隶属，总之，构造力量旨在强制规定机体分布，机体分布不再任意排列成行，却趋向于各自都得到发展（并且，病理解剖学强调了这一趋势，同时发现有机体深度或"病理总量"）。对于琼斯[2]，弯曲力旨在改变根源秩序。对于亚当·斯密[3]，劳动力（抽象劳动、不再用于这种或那种性质的任意劳动）旨在改变财富秩序。这并非古典时代忽略了组织、弯曲和劳动，它们却起着限制作用，这种限制作用并不阻碍被无限提升或无限展开的一致性质，它在过去仅仅是理论上的。然而，组织、弯曲和劳动现在摆脱了这一性质，以便挖掘言语无法形容且不可表现的某物，此物也完全是生命中的死亡、劳动中的痛苦和疲惫、语言中的口吃或失语症。甚至连大地都将发现自身的固有杂音，并从其无限的表面秩序中被撤销[4]。

因而，一切都为第二个时期以及生物学、政治经济学、语言学准备就绪。只要事物、生物和词语在作为新维度的深处**再折叠**（se replient），**不得已而接受**（se rabattent sur）有限力量，就足够了。在生命中，不再仅仅存在构造力量，而且在事物、生物和词语间存在着不可消除的时空构造图，生物据此构造力量而四处散布（居维叶[5]）。在语言中，不再仅仅存在弯曲力，而且存在一些图，根据这些图，语言词缀或词形变化被分配，在这里，足够的词语和字母让位给声音关系，语言自身不再通过表示和意义而被确定，却

---

[1] 维克·达吉尔（Félix Vicq d'Azyr, 1748—1794）：法国医生、解剖学家、博物学家。——译注
[2] 琼斯（Inigo Jones, 1573—1652）：英国建筑师、室内装饰家。——译注
[3] 亚当·斯密（Adam Smith, 1723—1790）：英国哲学家和经济学家。——译注
[4] 《词与物》，第268页。
[5] 居维叶（Georges Cuvier, 1769—1832）：法国解剖学家。——译注

诉诸"集体意志"（葆朴 [1]、斯莱加尔 [2]）。不再仅仅存在生产劳动
力，而是存在一些生产条件，根据这些条件，劳动自身不得已而依
赖资本（李嘉图 [3]），在相反的事物没有出现之前，资本不得已而
依赖榨取劳动（马克思 [4]）。无所不在的"比较"取代了 17 世纪的
宝贵概括：比较解剖学、比较语文学和比较经济学。依据福柯的术
语，现在是**褶子**（Pli）控制操作思想的第二个方面，这第二个方面
具体体现在 19 世纪的构成中。人的力量不得已而接受深度有限的
新维度或者在这一维度上发生折叠，这个新维度因而成了人本身的
限度。福柯常言，褶子就是构成"厚度"和"窟窿"的东西。

为了更好地理解褶子如何成为基本范畴，只要探询一下生物
学的诞生就行了。我们在生物学中找到了一切赞同福柯意见的东
西（也有益于其他领域）。居维叶区别四大门时，没有确定比属
（genres）和纲（classes）更加宽泛的一般性，但相反，确定了一
些断裂，而这些断裂将阻碍物种的连续，物种越来越笼统地群集
起来。门（embranchements）或组织平面（plans d'organisation）
使方向、定位、活力发挥作用，生物按照方向、定位、活力以这
样或那样的方式发生折叠。这是为什么居维叶的著作据发芽胚层
褶皱而在贝尔 [5] 比较胚胎学中得到发展。当弗鲁瓦·圣伊莱尔 [6]

---

［1］ 葆朴（Franz Bopp，1791—1867）：德国语文学家、语言学家。——译注
［2］ 斯莱加尔（Auguste Schlegel，1767—1845）：德国作家、诗人、哲学
家。——译注
［3］ 李嘉图（David Ricardo，1772—1823）：英国经济学家。——译注
［4］ 马克思（Karl Marx，1818—1883）：德国思想家、哲学家、社会学家、经
济学家。——译注
［5］ 贝尔（Karl Ernst von Baer，1792—1876）：爱沙尼亚裔德国解剖学家、胚
胎学家、博物学家。——译注
［6］ 弗鲁瓦·圣伊莱尔（Etienne Geoffroy Saint-Hilaire，1772—1844）：法国博
物学家。——译注

以唯一而相同的合成平面观念反对居维叶的组织平面时，这仍然是一种他所援用的折叠方法：要是我们使脊椎动物背脊的两个部分靠近，要是把它的头拉向脚、把骨盆拉向颈背，那么，我们将从脊椎动物过渡到头足动物。[1] 如果若弗鲁瓦·圣伊莱尔与居维叶属于相同的"考古学土壤"（据福柯的陈述分析法），那么是因为他们两人都援用了褶子，即其中一个褶子作为第三维度，它使一个类型到另一个类型的表面过渡成为不可能；另一个褶子作为第三维度，它实现深刻过渡。还有居维叶、圣伊莱尔和贝尔，他们联手拒斥进化论。但是，达尔文后来在一定环境中建立了物竞天择，它发散生物特征且形成差异。这是因为它们以各种方式（发散倾向）进行折叠，因为最大量的生物将在同一环境中继续存在。因此，如果达尔文在收敛的不可能性和系列连续的断裂之上建立其进化论，那么他与居维叶依然属于同一土壤，与拉马克相反。[2]

倘若褶子（pli）和去褶子（dépli）不仅激发了福柯的思想，而且使其风格本身富有生机，这是因为它们构成一种思想考古学。正是在这一点上，福柯遭遇了海德格尔 [3]，我们不会感到惊异。关键在于相遇，而不是影响，只要褶子和去褶子在福柯著作里有一种起源、用途和终点，它们就会与海德格尔所论及的起源、用途和终点十分不同。依福柯看来，关键在于力量关系，在此关系中，地区性力量，时而以建构**形式—上帝**（forme-

---

[1] 若弗鲁瓦·圣伊莱尔：《动物哲学原理》（包括与居维叶关于折叠的论战）。

[2] 关于居维叶造成的巨大"鸿沟"，拉马克还属于古典博物学，然而居维叶使由达尔文显示出来的生物史成为可能：《词与物》，第 287—289 页及第 307 页（"进化论建立了生物理论，可能性条件曾是非进化生物学即居维叶生物学"）。

[3] 海德格尔（Martin Heidegger, 1889—1976）：德国哲学家。——译注

Dieu）的方式对抗无限提升的力量（去褶子），时而以建构**形式—人**（forme-Homme）的方式对抗有限力量（褶子）。这是尼采式史学，而不是海德格尔式史学，即归于尼采的史学或通向**生命**（vie）的史学。"只因有生命才有存在……生命经验因而表现为存在最一般的法则……但这种本体论很少揭示创造万物的东西，却更多地揭示了将万物顷刻间带向不可靠形式的东西……"[1]

三、迈向未来构成吗？

显而易见，每一种形式都不可靠，既然它依赖于力量关系及其突变。我们把尼采看作思考上帝之死的思想家时，我们歪曲了他。费尔巴哈[2]才是最后一位思考上帝之死的思想家：他指出，上帝向来只是人的去褶子，人应当重新折叠上帝。然而依尼采看，这是陈年旧事；并且，正如陈年旧事适于增加其变体那样，尼采能够增加上帝之死的各种版本，这些版本都是非常滑稽或幽默的，这犹如关于既有事实的海量衍变。然而，使他感兴趣的东西是人之死。只要上帝存在，就是说，只要**形式—上帝**（forme-Dieu）发挥作用，人就尚不存在。但当**形式—人**（forme-Homme）出现时，它只有在早已包含人之死时才能至少以三种方式产生人。首先，当上帝不在时，人会在何处找到认同保证呢？[3]其

---

[1]《词与物》，第291页（关于19世纪的生物学，本文突如其来，我们好像有更重要的理解并表达福柯思想的恒常方面）。

[2]　费尔巴哈（Ludwig Feuerbach，1804—1872）：德国哲学家。——译注

[3]　这是克罗索斯基（Pierre Klossowski）在《尼采与恶性循环》（法国梅尔居尔出版社）中所持的论点。

次，**形式—人**（forme-Homme）自身只在种种有限褶子里构成：它将死亡置于人之中（我们已经明白，比沙方式胜于海德格尔方式，比沙曾经以"暴死"方式思考过死亡 [1]）。最后，有限力量自身使得人只有通过生命组织平面散播、语言四散、生产方式差异才存在，这些意味着唯一的"认识批判"是一种"万物灭绝本体论"（不仅是古生物学，而且是人种学）。[2] 可是，关于人之死，福柯认为没什么好哭泣的，这时，他的言下之意是什么呢？[3] 其实，这种形式一直很好吗？它能够丰富甚至保存人的力量，即生存力量、说话力量和劳动力量吗？它已经让活着的人免遭暴死吗？因而，总是提出的问题是，如果人的力量只有在与外部力量建立联系时才构成一种形式，那么现在很可能与何种新力量建立联系呢？并且，哪一种新形式（既非**上帝又非人**）能够从中摆脱出来呢？正是关于这个问题的正确观点，被尼采称作"超人"（le surhomme）。

除非这个问题出现在连环画中，不然，这就是一个我们只能在其中满足于极隐征象的问题。福柯和尼采一样，在胚胎学意义上、还不在功能意义上，他只能勾画出一些草图。[4] 尼采

---

[1] 我们已经明白，正是比沙与古典的死亡概念发生断裂，犹如不同分割的决定性时刻一样［被萨特重新采用过的马尔罗（André Malraux）格言，即死亡是"把生命变成命运"的东西，尚属于古典概念］。比沙的三大独创性，是把死亡确定为与生命同外延的东西，从死亡中得到"外部死亡"的总结果，特别是把"暴死"而不是把"自然死亡"作为范例（关于这最后一点的理由，参见《关于生死的生理学研究》，里蒂耶-维拉尔出版社，第160—166页）。比沙这部书是现代死亡观念的第一份文献。

[2] 参见《词与物》，第291页。

[3] 《何谓作者？》，第101页："忍住眼泪……"

[4] 《词与物》，第397—398页。

曾经指出：人束缚了生命，超人则为另一种形式而解放**人本身中**（dans l'homme même）的生命……福柯给出了一条十分有趣的信息：如果人文主义 19 世纪的语言学真的建立于语言散播（如同以客体之名的"语言整平"条件）之上，并且文学获得了一个全新功能 [这一功能**反而**（au contraire）旨在"聚集"语言并使"语言存在"具有价值，超过语言所表和所指，超过声音自身]，那么，反弹已经开始。[1] 有趣的是，因为在其对现代文学的精彩分析中，福柯在此给予语言的优先权，而优先权是他对生命和劳动拒绝的东西：他认为，生命和劳动，尽管其分散与语言分散同时发生，还是没有丧失其存在的聚集。[2] 我们却认为，在它们各自的分散中，劳动和生命，就经济学或生物学而言，只能在一种脱离中才得以聚集起来，恰如语言只能在就语言学而言的脱离文学关系中才得以聚集一样。生物学应该转向分子生物学，或者分散的生命应该聚集于遗传密码中。分散的劳动应该聚集或再聚集于第三种即控制论的与信息论的机器里。人的力量到底会与什么样的关连力量联系起来呢？这不会再是无限提升，也不会是有限，而是有限—无限，如此呼唤全部力量境况，在此，有限构成物给予了实际上无限的多样性。这不会是构成操作机制的褶子与去褶子，而是某种诸如**超褶子**（Surpli）之类的东西。当语言"只需在永恒回归自我中再次发生弯曲"之时，遗传密码链特有的褶皱、第三种机器里的硅潜能、现代文学中语句的蜿蜒曲

---

[1]《词与物》，第 309、313、316—318、395—397 页。（关于现代文学的特征，诸如"死亡经验……不可思的思想经验……重复经验……有限经验……"）

[2] 关于福柯论语言的特殊境遇之理由，一方面见《词与物》第 306—307 页，另一方面见《词与物》第 315—316 页。

折，它们都显示了超褶子。现代文学开发出了"语言中的外语"，通过层峦叠嶂式的语法结构，它趋向于非典型的、不合语法的表达，犹如趋向于语言终结。（在其他文学之间，我们注意到了这一点，诸如马拉美 [1] 的书籍、佩吉 [2] 的重复、阿尔托的灵感、卡明斯 [3] 的不合语法性、巴勒斯 [4] 的褶痕（拆开和折入）[5]，还有鲁塞尔的扩散、布里塞的派生、达达 [6] 的拼贴……）。有限—无限或者超褶子，难道不是尼采以永恒轮回的名义早就勾勒出来的东西吗？

人自身的力量卷入了其与来自外部世界的力量构成的关系之中，其中就有取代碳的硅的力量，取代有机体的基因成分的力量，或者取代能指的不合语法的力量。无论从哪方面看都应当研究超褶子的作用，"双螺旋"是其中最著名的案例。什么是超人呢？超人就是人的力量与这些新力量的形式复合体。这是来自崭新力量关系的形式。人趋向于自在地（en lui）解放生命、劳动和语言。根据兰波 [7] 格言，超人就是操控兽性的人本身 [如同在侧面或反向的新进化图式（nouveaux schémas d'évolution）中，一个密码能够捕获一些其他密码碎片]。超人就是操控岩石或者无机物的人（硅在此起作用）。超人就是操控语言存在的人（即操控"无定形、缄默、毫无意义的区域，在该领域，语言甚至能够

---

[1] 马拉美（Stephane Mallarmé，1842—1898）：法国诗人。——译注

[2] 佩吉（Charles Péguy，1873—1914）：法国作家。——译注

[3] 卡明斯（Edward Estlin Cummings，1894—1962）：美国诗人。——译注

[4] 巴勒斯（Edgar Rice Burroughs，1875—1950）：美国小说家。——译注

[5] 原文为英文 cut-up 和 fold-in。——译注

[6] Dada：又称 dadaïsme（达达派、达达主义），20世纪初在西方流行的文艺流派，涉及视觉艺术、诗歌、戏剧和美术设计等领域。——译注

[7] 兰波（Arthur Rimbaud，1854—1891）：法国诗人。——译注

摆脱"它应该表述的东西)。[1] 诚如福柯所言，超人远远不是活着的人的消逝，而是一个概念的变化：这是新形式的来临，而不是上帝，也不是人，我们可以盼望它将比上帝与人这两种前形式更好。

---

[1]《词与物》，第395页。兰波的信不仅援用了语言或文学，而且援用了另外两个方面：未来的人操控新语言，甚至操控兽性，操控无定形（致保罗·德梅尼，七星文库，第255页）。

人名对照表

A
René Allio　阿利奥
Louis Althusser　阿尔都塞
Michelaugelo Antonioni　安东尼奥尼
Antonin Artaud　阿尔托

B
Gaston Bachelard　巴什拉
Karl Ernst von Baer　贝尔
Gilles Barbedette　巴尔贝德特
Georges Bataille　巴塔耶
Henri Bergson　柏格森
Marie François Xavier Bichat　比沙
Andreï Biély　别雷
Maurice Blanchot　布朗肖
Leonard Bloomfield　布隆菲尔德
Franz Bopp　葆朴
Pierre Boulez　布莱
Pierre Bourdieu　布迪厄
Fernand Braudel　布罗代尔
Jean-Pierre Brisset　布里塞

人名对照表

Edgar Rice Burroughs　巴勒斯

C
Paul Cézanne　塞尚
François Châtelet　沙特莱
Baron Jean Corvisart　科维萨尔
Edward Estlin Cummings　卡明斯
Georges Cuvier　居维叶

D
Robert François Damiens　达米安
Charles Darwin　达尔文
Henri-Charles Daudin　多丹
Daniel Defert　德福尔
Robert Delaunay　德劳内
René Descartes　笛卡尔
Marcel Detienne　德蒂安纳
Hubert Lederer Dreyfus　德赖弗斯
Marguerite Duras　杜拉斯

E
François Ewald　埃瓦尔德

F
William Faulkner　福克纳
Ludwig Feuerbach　费尔巴哈
Scott Fitzgerald　菲茨杰拉德
Didier Franck　弗兰克
Sigmund Freud　弗洛伊德

G
Johann Wolfgang von Goethe　歌德
Nicolas Vassiliévitch Gogol　果戈理
André Gorz　高兹
Félix Guattari　瓜塔里
Martial Gueroult　盖鲁

H
Zellig Sabbetai Harris　哈里斯

149

Martin Heidegger　海德格尔
Adolf Hitler　希特勒
Louis Hielmslev　叶尔姆斯列夫
Edmund Husserl　胡塞尔

I

Youssef Ishaghpour　伊夏布尔

J

Alfred Jarry　雅里
Inigo Jones　琼斯
Félix Jussieu　朱西厄

K

Franz Kafka　卡夫卡
Emmanuel Kant　康德
Paul Klee　克利
Pierre Klossowski　克罗索斯基
Richard von Krafft-Ebing　克拉夫特–埃宾

L

William Labov　拉波夫
René-Théophile-Hyacinthe Laënnec　拉埃内克
Jean-Baptiste Lamarck　拉马克
Albert Lautman　洛特曼
Edmund Ronald Leach　利奇
Goltfred Wilhelm Leibniz　莱布尼茨
Michel Leiris　莱里斯
Claude Lévi-Strauss　列维–斯特劳斯
György Lukács　卢卡奇

M

René Magritte　马格利特
Stéphane Mallarmé　马拉美
André Malraux　马尔罗
Édouard Manet　马奈
Andreï Andreïevitch Markov　马尔科夫
Karl Marx　马克思
Herman Melville　梅尔维尔

人名对照表

Johann Gregor Mendel　门德尔
Maurice Merleau-Ponty　梅洛-庞蒂
Henri Michaux　米肖

N

Issac Newton　牛顿
Friedrich Nietzsche　尼采

P

Blaise Pascal　帕斯卡尔
Charles Péguy　佩吉
Philippe Pinel　皮内尔
Évelyne Pisier　皮西耶
Marcel Proust　普鲁斯特

R

Paul Rabinow　拉比诺
Ernest Renan　勒南
David Ricardo　李嘉图
Bernhard Riemann　黎曼
Arthur Rimbaud　兰波
Raymond Roussel　鲁塞尔
Bertrand Russell　罗素

S

Geoffroy Saint-Hilaire　圣伊莱尔
Jean-Paul Sartre　萨特
André Scala　斯卡拉
Auguste Schlegel　施莱格尔
Daniel Paul Schreber　史瑞伯
Michel Serres　塞尔
Narie de Sévigné　塞维涅
Georges Gaylord Simpson　辛普森
Adam Smith　斯密
Baruch Spinoza　斯宾诺莎
Serge Alexandre Stavisky　斯塔维斯基
Jean-Marie Straub　施特劳布
Hans-Jürgen Syberberg　西贝尔贝格

T

Gabriel Tarde　塔尔德
Anton Pavlovitch Tchekhov　契诃夫
Mario Tronti　特龙蒂
Danile Tuke　图克

V

Jules Vallès　瓦莱斯
Diego Vélasquez　委拉斯开兹
Jean-Pierre Vernant　韦尔南
Paul Veyne　韦纳
Félix Vicq d'Azyr　维克·达吉尔
Pierre Vidal-Naquet　维达尔-纳凯
Paul Virilio　维里利奥
Jules Vuillemin　维耶曼

W

Anton von Webern　韦伯恩
Ludwig Wittgenstein　维特根斯坦
Louis Wolfson　沃尔夫松

X

Xénophon　色诺芬

Z

Émile Zola　左拉

图书在版编目(CIP)数据

福柯:修订译本/(法)吉尔·德勒兹
(Gilles Deleuze)著;于奇智译.—上海:上海人民
出版社,2021
(法国哲学研究丛书.学术译丛)
ISBN 978 - 7 - 208 - 16947 - 0

Ⅰ.①福… Ⅱ.①吉… ②于… Ⅲ.①福柯(
Foucault,Michel 1926 - 1984)-哲学思想-思想评论
Ⅳ.①B565.59

中国版本图书馆 CIP 数据核字(2021)第 028503 号

责任编辑 于力平
封扉设计 人马艺术设计·储平

法国哲学研究丛书 · 学术译丛

福柯(修订译本)

[法]吉尔·德勒兹 著

于奇智 译

出 版	上海人民出版社	
	(200001 上海福建中路 193 号)	
发 行	上海人民出版社发行中心	
印 刷	上海商务联西印刷有限公司	
开 本	635×965 1/16	
印 张	11	
插 页	4	
字 数	119,000	
版 次	2021 年 3 月第 1 版	
印 次	2021 年 3 月第 1 次印刷	
ISBN	978 - 7 - 208 - 16947 - 0/B · 1540	
定 价	52.00 元	

法国哲学研究丛书

学术文库

《笛卡尔的心物学说研究》 施 璇 著

《从结构到历史——阿兰·巴迪欧主体思想研究》 张莉莉 著

《诚言与关心自己——福柯对古代哲学的解释》 赵 灿 著

《追问幸福:卢梭人性思想研究》 吴珊珊 著

《从"解剖政治"到"生命政治"——福柯政治哲学研究》 莫伟民 著

《从涂尔干到莫斯——法国社会学派的总体主义哲学》 谢 晶 著

《走出"自我之狱"——布朗肖思想研究》 朱玲玲 著

学术译丛

《物体系》(修订译本) 〔法〕让·鲍德里亚 著 林志明 译

《福柯》(修订译本) 〔法〕吉尔·德勒兹 著 于奇智 译